10

РЕЦЕП

НАЙ-ДОБРИЯТ МИКС ЗА ГЪМБО

Анелия Йоткова

Опровержение

Информацията, съдържаща се в тази електронна книга, има за цел да служи като изчерпателна колекция от стратегии, за които авторът на тази електронна книга е направил проучване. Обобщения, стратегии, съвети и трикове се препоръчват само от автора и четенето на тази електронна книга няма да гарантира, че нечии резултати ще отразяват точно резултатите на автора. Авторът на електронната книга е положил всички разумни усилия, за да предостави актуална и точна информация за читателите на електронната книга. Авторът и неговите сътрудници няма да носят отговорност за неволни грешки или пропуски, които могат да бъдат открити. Материалът в електронната книга може да включва информация от трети страни. Материалите на трети страни включват мнения, изразени от техните собственици. Като такъв, авторът на електронната книга не поема отговорност за материали или мнения на трети страни. Дали поради развитието на интернет или непредвидените промени в политиката на компанията и насоките за редакционно представяне, това, което е заявено като факт по време на писането на това писмо, може да стане остаряло или неприложимо по-късно.

СЪДЪРЖАНИЕ

ВЪВЕДЕНИЕ

ГЪМБО е същността на креолската и каджунската кухня, задължителното ястие в менюто на всеки ресторант и сърцето на домашната кухня. Той показва най-добрите местни миди, както и местни колбаси, домашни птици, дивеч и подправки. Произхожда от Луизиана през осемнадесети век и получава името си или от думата БАНТУза бамя (ГОМБО), или от думата Choctaw за file (КОМБО). И бамята, и филе, което представлява смлени листа от сасафрас, използвани от индианците, служат като сгъстители за гумбо, заедно с ру, основа от брашно, запечено в масло. Най-често срещаният сгъстител е ру, който е подобен на сос. Степента, до която е покафеняла, определя цвета на гъмбото. Местните готвачи често го довеждат до тъмнокафяв цвят, който придава на крайния продукт дълбок и силен вкус. Традиционно лук, целина и черен пипер (известни като триединството на местната кухня) плюс чесън се запържват в руто и се добавя бульон, за да се направи гъмбо. Съставките , вариращи от миди през птици до дивеч, създават вида и вкуса на бамбо. Подправки като лют червен пипер, мащерка и дафинов лист променят вкуса на ястието, за да угодят на готвача, а гумбото се сервира в купички върху ориз.

Най-отличителните стилове гумбо са креолски (Ню Орлиънс) и каджун (югозападна Луизиана). Креолският използва домати, а каджунът не. Следователно единият е кафяв, а другият е червеникавокафяв. Креолското гумбо обикновено има по-тънка основа, докато каджунското гумбо е по-сърдечно, по-тъмно и понякога по-дебело и е по-подходящо за използване на дивеч като диви патици. В Южна Луизиана бамбос се сервира на всички маси, бедни или богати, и в повечето ресторанти, луксозни или други.

ОСНОВНИ РЕЦЕПТТИ

1. Py

ПРАВИ ОКОЛО 1 ЧАША

СЪСТАВКИ

1/2 чаша растително масло

1/2 чаша универсално брашно

НАПРАВЛЕНИЯ

Загрейте маслото в голям, тежък съд на силен огън; добавете брашното и бъркайте непрекъснато, докато сместа започне да покафенява. Намалете топлината до средна или средно-ниска и гответе, като бъркате непрекъснато, докато сместа стане средно-кафява или с цвета на фъстъчено масло или млечен шоколад.

Ако предпочитате по-тъмно гумбо, продължете да покафенявате, докато руто придобие тъмен шоколадов цвят. Колкото по-тъмен е ру, толкова по-тънък ще бъде гумбо. Не изгаряйте руто, или ще развали вкуса на бамбо. Ако мирише на изгоряло, то се е готвило твърде дълго. Повечето бамбо са вкусни и леко дебели, когато руто е с цвета на млечен шоколад.

2. Бульон от морски дарове

ПРАВИ 5 ЧАШИ

СЪСТАВКИ

1 1/2 фунта черупки от скариди, раци или раци

НАПРАВЛЕНИЯ

Поставете черупките в среден съд и ги покрийте със студена вода. Оставете да заври. Покрийте, намалете топлината до средно ниска и оставете да къкри за 30 минути. Прецедете.

3. Домашни птици

ПРАВИ 8 ЧАШИ

СЪСТАВКИ

3 килограма пилешки, пуешки или патешки кости

1 голяма глава лук, обелена и нарязана на четвъртинки

2 стръка целина, разполовени

2 моркова, нарязани на четвъртинки

1/2 супена лъжица черен пипер на зърна

2 големи скилидки чесън, разполовени

10 чаши студена вода

НАПРАВЛЕНИЯ

Поставете всички съставки в 6-литров съд. Оставете да заври. Намалете топлината до средно ниска, покрийте тенджерата с наклонен капак и оставете да къкри 2 1/2 часа. Когато изстине достатъчно за работа, прецедете. Охлажда се напълно и се обира мазнината отгоре. Ако правите предварително, охладете в хладилника и отстранете твърдата мазнина.

4. Ориз

ПРАВИ 6-8 ПОРЦИИ

СЪСТАВКИ

2 чаши вода

2 чаши обогатен дългозърнест ориз

1/2 чаена лъжичка сол

НАПРАВЛЕНИЯ

В малка тенджера с капак сложете водата да заври. Добавете ориза и солта. Намалете котлона, покрийте и оставете да къкри на най-ниската температура, докато водата се абсорбира, около 20 минути. Не е необходимо разбъркване.

5. Креолска подправка

ПРАВИ 2 1/2 УНЦИИ

СЪСТАВКИ

2 супени лъжици сол

2 супени лъжици лют червен пипер

4 супени лъжици прясно смлян черен пипер

4 супени лъжици чесън на прах

4 супени лъжици червен пипер, сладък или лют или на вкус

4 супени лъжици целина сол

2 чаени лъжички чили на прах

НАПРАВЛЕНИЯ

Разбийте заедно всички съставки в средна купа. Съхранявайте в почистена бутилка за подправки от 2 1/2 унции. Подправката ще запази силата си няколко месеца.

РЕЦЕПТИ ЗА ГЪМБО

6. Гъмбо с пиле и скариди

СЕРВИРА 4

СЪСТАВКИ

2 супени лъжици рапично масло

$\frac{1}{4}$ чаша универсално брашно

1 средно голяма глава лук, нарязана на кубчета

1 зелена чушка, почистена и нарязана на кубчета

2 стръка целина, нарязани на кубчета

3 скилидки чесън, смлени

1 супена лъжица смляна прясна мащерка

$\frac{1}{4}$ до $\frac{1}{2}$ чаена лъжичка лют червен пипер

$\frac{1}{2}$ чаша сухо бяло вино

1 (14-унция) консерва нарязани на кубчета домати без добавена сол

2 чаши вода

1 пакет (10 унции) замразена нарязана бамя

4 унции пушена наденица andouille, нарязана на кубчета

1-килограмови средни скариди, обелени и без жилки

$1\frac{1}{2}$ фунта варени пилешки гърди, нарязани на кубчета

УПЪТВАНИЯ

Загрейте олиото в голяма тенджера или холандска фурна на средно висока температура. Добавете брашното и гответе, като бъркате непрекъснато .

Добавете лука, чушката, целината и чесъна и гответе, като разбърквате от време на време, докато лукът омекне, около 5 минути.

Добавете мащерката и кайена и гответе още 1 минута . Добавете виното и оставете да заври, като разбърквате от време на време.

Добавете доматите със сока им, водата и бамята и оставете да къкри без капак за около 15 минути. Добавете наденицата и скаридите и оставете да къкри още около 5 минути.

Разбъркайте свареното пиле и продължете да къкри, като разбърквате от време на време, докато пилето се загрее и скаридите станат непрозрачни.

7. Бамя Пиле Гъмбо

СЪСТАВКИ

- 1 килограм средно белени скариди
- 1/2 фунта пилешки гърди без кожа и кости
- 1/2 чаша кокосово масло
- 3/4 чаша бадемово брашно
- 2 чаши нарязан лук
- 1 чаша нарязана целина
- 1 чаша нарязан зелен пипер
- 1 чаена лъжичка смлян кимион
- 1 супена лъжица смлян пресен чесън
- 1 чаена лъжичка нарязана прясна мащерка
- 1/2 чаена лъжичка червен пипер
- 6 чаши пилешки бульон
- 2 чаши нарязани на кубчета домати
- 3 чаши нарязана бамя
- 1/2 чаша нарязан пресен магданоз
- 2 дафинови листа
- 1 чаена лъжичка лют сос

УПЪТВАНИЯ

a) Задушете пилето на силен огън до кафяво в голям съд. Извадете и оставете настрана. Нарежете лука, целината и зеления пипер и оставете настрана.

b) Поставете олио и брашно в тенджера. Разбъркайте добре и запечете, за да направите ру. Когато руто е готово, добавете нарязани зеленчуци. Запържете на слаб огън за 10 минути.

c) Бавно добавете пилешки бульон при непрекъснато бъркане.

d) Добавете пилето и всички останали продукти с изключение на бамята, скаридите и магданоза, които ще запазим за накрая.

e) Покрийте и оставете да къкри на слаб огън за половин час. Отстранете капака и гответе още половин час, като разбърквате от време на време.

f) Добавете скаридите, бамята и магданоза. Продължете да готвите на слаб огън без капак за 15 минути.

8. Dutch Oven Scallop Gumbo

ОБЩО ВРЕМЕ ЗА ГОТВЕНЕ: 36 МИНУТИ
ПОРЦИИ: 4
ОБОРУДВАНЕ: ХОЛАНДСКА ФУРНА 12 ИНЧА

СЪСТАВКИ

2 килограма малки миди
3 супени лъжици брашно
2 глави лук, нарязани
2 чушки, нарязани
1/2 чаша целина, нарязана
2-килограмова бамя, нарязана
4 супени лъжици олио за готвене
3 домата, нарязани
Смлян чесън, 2 скилидки
Щипка сол и черен пипер

УПЪТВАНИЯ

Направете ру, като използвате брашно и олио.
Добавете чушката, лука и чесъна заедно с вода, сол и черен пипер.
Добавете целината, бамята и домата и гответе 30 минути с включен капак.
Добавете мидите и оставете да къкри още 6 минути.

9. Холандско пилешко гъмбо

ОБЩО ВРЕМЕ ЗА ГОТВЕНЕ: 15 МИНУТИ
ПОРЦИИ: 6
ОБОРУДВАНЕ: ХОЛАНДСКА ФУРНА 12 ИНЧА

СЪСТАВКИ

2 супени лъжици олио за готвене
1 чаша целина, нарязана
2-килограмова бамя, нарязана
Смлян чесън, 2 скилидки
3 домата, нарязани
2 супени лъжици брашно
2 килограма пилешки гърди, нарязани на кубчета
Сол и черен пипер
2 чушки, нарязани
2 глави лук, нарязани

УПЪТВАНИЯ

Направете ру, като използвате брашно и олио. Гответе, като често разбърквате, докато покафенеят.
Добавете чушката, лука и чесъна заедно с вода, сол и черен пипер.
Добавете целината, бамята и домата.
След добавяне на пилешкото месо гответе още 6 минути.

10. Холандска патица на фурна

ОБЩО ВРЕМЕ ЗА ГОТВЕНЕ: 2 ЧАСА 20 МИНУТИ
ПОРЦИИ: 12
ОБОРУДВАНЕ: ХОЛАНДСКА ФУРНА 12 ИНЧА

СЪСТАВКИ

ПАТИЦА:

2 дафинови листа
3 супени лъжици сол
3 патици
2 ребра целина
1 галон вода
1 глава лук, нарязана на четвъртинки
1 чаена лъжичка пипер
2 моркова

ГЪМБО:

1 чаша олио
$\frac{1}{4}$ чаша нарязан магданоз
1 чаша брашно
Смлян чесън, 2 скилидки
$\frac{1}{2}$ чаша целина, нарязана
1 чаша черен пипер, нарязан на кубчета
2 чаши варен ориз
1 точка стриди и алкохол
1-фунт бамя, нарязана
1 чаша лук, нарязан на кубчета
4 супени лъжици мазнина от бекон
1 килограм сурови и обелени скариди

НАСОКИ :

ПАТИЦА

Гответе патица, лук, дафинови листа, целина, сол и черен пипер за около 1 час.

ЗА ГЪМБО:

Смесете брашно и масло с помощта на холандска фурна.

Добавете чесън, лук, целина и зелен пипер; Задушете бамята в мазнина от бекон за 20 минути.

Загрейте бульона в гъмбо тенджера, преди да добавите руто и зеленчуковата смес.

Вари се 1 час похлупено с бамята.

Добавете скаридите, стридите и ликьора.

11. Гъмбо крайбрежие на Персийския залив

ПРАВИ 8 ПОРЦИИ

СЪСТАВКИ

1 чаша растително масло

1 1/2 чаши универсално брашно

2 1/2 чаши нарязан лук

1 1/2 чаши нарязана целина

1 1/2 чаши нарязана зелена чушка

3 супени лъжици нарязан чесън

1 чаена лъжичка Emeril's Original Essence или друга креолска подправка

1 1/2 чаена лъжичка сол

1 чаена лъжичка прясно смлян черен пипер

1/2 чаена лъжичка кайенски пипер

2 дафинови листа

1 чаена лъжичка сушена мащерка

1 чаена лъжичка сух риган

1 килограм пушен колбас, нарязан на кръгчета с дебелина 1/2 инча

1 килограм гумбо раци, наполовина (вижте бележката)

10 чаши бульон от скариди или вода

1 килограм варени опашки от рак от Луизиана, с всякаква мазнина

1 килограм обелени и изчистени скариди от Персийския залив

1/2 чаша нарязан зелен лук, плюс още за сервиране

1/4 чаша нарязани пресни листа магданоз, плюс още за сервиране

Задушен бял ориз, за сервиране

НАПРАВЛЕНИЯ

Загрейте голяма холандска фурна или саксия Gumbo с дебело дъно на силен огън за 1 минута. Внимателно добавете олиото и след това разбийте брашното. Намалете топлината до средно висока и разбърквайте брашното непрекъснато, като остъргвате всяка частица от дъното на тигана, докато сместа покафенее равномерно и придобие цвета на тъмно фъстъчено масло, около 15 минути. Ако брашното започне да се оцветява твърде бързо, намалете котлона до среден. Важно е да наблюдавате руса и да готвите внимателно, за да избегнете изгарянето му. След като постигнете желания цвят, добавете лука, целината, чушката, чесъна, есенцията, сол, черен пипер, лют червен пипер, дафиновите листа, мащерката, ригана и наденицата. Продължете да готвите още 5-7 минути, или докато зеленчуците омекнат.

Добавете раците и бульона в холандската фурна и ги оставете да заври. Намалете котлона до стабилен огън и гответе, докато вкусовете се смесят и сосът стане кадифен и гладък, около 2 часа, като добавите допълнително бульон или вода, ако гъмбото стане твърде гъсто по време на готвене. Дебелината на гумбо е въпрос на личен вкус. Някои хора харесват много дебело гъмбо, докато други предпочитат тънко, бульонно гъмбо. Добавете количеството течност според вашите предпочитания.

Когато гумботo стане ароматно и с правилната дебелина, разбъркайте лангустите и скаридите и гответе, докато скаридите се сварят, още 2-3 минути. Разбъркайте зеления лук и магданоза. Опитайте и коригирайте подправките, ако е необходимо.

Сервирайте гумбо върху купички задушен ориз с допълнително нарязан магданоз и зелен лук по желание.

12. Пиле, скариди и тасо гъмбо

ПРАВИ 6-8 ПОРЦИИ

СЪСТАВКИ

4 обезкостени пилешки бутчета, нарязани на 2-инчови парчета с кожата

2 супени лъжици кошер сол

1/2 чаена лъжичка червен пипер

1/2 чаена лъжичка прясно смлян черен пипер

1 1/2 чаши растително масло

2 1/4 чаши универсално брашно, разделени

1 фунт тасо, нарязан на кубчета

1 средно голяма глава лук, нарязана на малки кубчета

2 чушки поблано, нарязани на малки кубчета

1 малко халапеньо, нарязано на малки кубчета

3 стръка целина, нарязани на кубчета

4 скилидки чесън, смлени

2-3 чаени лъжички кошер сол (добавете 2, опитайте и добавете другата, ако е необходимо)

1 1/2 чаена лъжичка прясно смлян черен пипер

1 чаена лъжичка лют червен пипер

1 чаена лъжичка червен пипер

1 чаена лъжичка сушена мащерка

1 чаена лъжичка филе на прах

6 дафинови листа

1 галон пилешки бульон (или половин бульон от скариди и половин пилешки бульон)

1 килограм обелени Луизиански скариди

Овкусете пилето със сол, червен пипер и черен пипер.

НАПРАВЛЕНИЯ

Загрейте маслото в тенджера с дебело дъно от 2 галона до средно висока температура; олиото трябва леко да цвърчи, когато е готово.

Поръсете пилето с 1/2 чаша брашно и го запържете от двете страни в олиото до светло златисто кафяво, след което го извадете върху хартиена кърпа. Не е необходимо да се готви на този етап. Добавете излишното брашно от подправката на пилето към останалото брашно и го добавете към олиото. Разбърквайте на среден огън за около 40 минути, или докато сместа стане наситено червеникавокафява, но не прекалено тъмна.

След като руто достигне правилния цвят, добавете тасото, зеленчуците и всички подправки (като запазите малко сол, защото някои тасо са по-пикантни от други) и гответе около 4 минути.

Разбийте бульона и го оставете да къкри, като не забравяйте да разбъркате дъното на тенджерата, докато бамбото заври, за да не залепне. Оставете да къкри около 30 минути, като отделите цялата мазнина, която изплува на повърхността.

Добавете свареното пиле и скаридите в този момент и оставете да къкри още 45 минути, като все още отстранявате мазнината, която изплува отгоре.

Сервирайте веднага или на следващия ден с малко задушен ориз и гарнитура от кремообразна картофена салата. Главният готвач Линк казва: „Обичам да потапям картофената си салата в бамбото.“

13. Креол Гъмбо

ПРАВИ 8-10 ПОРЦИИ

СЪСТАВКИ

1/2 фунт чаурис, нарязан на хапки

1/2 килограм пушен колбас, нарязан на хапки

1/2 килограм телешко задушено месо

1/2 килограм пилешки воденички, нарязани

1 килограм гумбо раци

1/2 чаша растително масло

1/2 чаша универсално брашно

2 големи глави лук, нарязани

3 литра вода или повече по желание

8 пилешки крилца, нарязани на ставите и изхвърлени връхчета

1/2 фунт пушена шунка, нарязана на 1/2-инчови парчета

1 супена лъжица червен пипер

1 чаена лъжичка сушена мащерка

1 чаена лъжичка сол

3 скилидки чесън, смлени

1 килограм средни скариди, обелени и без жилки

2 дузини олющени стриди с техния алкохол

1/4 чаша нарязан пресен плосък магданоз

1 супена лъжица филе на прах

Варен дългозърнест бял ориз, за сервиране

НАПРАВЛЕНИЯ

Поставете колбасите, говеждото месо, воденичките и раците в голям, тежък съд. Покрийте и гответе на среден огън за 30 минути, като разбърквате от време на време. Няма да имате нужда от допълнителна мазнина, тъй като месото ще се разтопи достатъчно за готвене.

Докато месото се готви, направете руло: загрейте олиото в тиган, добавете брашното и бъркайте непрекъснато на среден огън, докато руто стане гладко и тъмнокафяво на цвят. Добавете лука и гответе на слаб огън, докато омекне. Изсипете съдържанието на тигана в съда с месото, като разбъркате добре. Бавно разбъркайте водата и я оставете да заври. Добавете пилешките крилца, шунката, червения пипер, мащерката, солта и чесъна, разбъркайте внимателно и намалете котлона; покрийте и оставете да къкри за 45 минути. Ако предпочитате по-тънко гумбо, добавете още вода сега.

Добавете скаридите и стридите и гответе още няколко минути - внимавайте скаридите да порозовеят и стридите да се извият - повече от това и те ще станат жилави. Отстранете тенджерата от котлона, разбъркайте магданоза и филето на прах и се насладете в купички върху горещ ориз.

14. Креолски морски дарове Gumbo

ПРАВИ 6-8 ПОРЦИИ

СЪСТАВКИ

6 средни сини раци или замразени раци бамбо, размразени

2 1/2 килограма скариди в черупки с глави

2 дузини средни до големи олющени стриди с техния ликьор

1 чаша плюс 1 супена лъжица рапица или друго растително масло, разделени

2 чаши нарязана бамя, прясна или замразена и размразена

1 чаша универсално брашно

1 голяма глава лук, нарязана

1 връзка зелен лук, нарязан, белите и зелените части се отделят

1 зелена чушка, нарязана

2 стръка целина, нарязани

4 големи скилидки чесън, смлени

2 големи пресни домата през сезона, обелени и нарязани, или 1 (16-унция) домат от консерва, нарязан на кубчета със сок

3 дафинови листа

1 чаена лъжичка италианска подправка

Сол, прясно смлян черен пипер и креолска подправка на вкус

1/4 чаша смлян плосък магданоз

Варен дългозърнест бял ориз, за сервиране

НАПРАВЛЕНИЯ

Пригответе раците, както е описано в "Приготвяне на раци", страница 23.

Почистете главите, обелете и почистете скаридите, като поставите главите и черупките в среден съд. Добавете достатъчно вода, за да покриете черупките с поне 2 инча и оставете да заври. Покрийте, намалете котлона до минимум и оставете да къкри за 30 минути. Когато леко се охлади, прецедете бульона в голяма мерителна чаша и изхвърлете черупките.

Прецедете стридите и добавете ликьора към бульона от скаридите. Добавете достатъчно вода, за да направите 7 или 8 чаши течност в този момент (в зависимост от това колко гъсто искате вашето бамбо). Проверете стридите за фрагменти от черупки.

Загрейте 1 супена лъжица олио в широк тиган (не незалепващ) и добавете бамята. Запържете на умерен огън, като разбърквате от време на време, докато цялата лепкавост изчезне, около 15 минути. Свалете от огъня.

Загрейте останалото масло в голям, тежък съд на висока температура; добавете брашното и бъркайте непрекъснато, докато сместа започне да покафенява. Намалете топлината до средна или средно-ниска и гответе, като бъркате непрекъснато, докато сместа придобие цвета на черен шоколад.

Добавете лука, белите части на зеления лук, чушката и целината и гответе, като разбърквате, докато стане прозрачен. Добавете чесъна и гответе още минута. Добавете доматите и комбинацията от ликьор от стриди, бульон от скариди и вода, докато се постигне леко сгъстена и гладка консистенция.

Добавете бамята, раците, дафиновите листа и италианската подправка и подправете със сол, черен пипер и креолска подправка; покрийте и оставете да къкри 40 минути.

Добавете скаридите и оставете да къкри още 5 минути. Добавете стридите и оставете да къкри, докато се накъдрят, около 3 минути.

Изключете котлона, отстранете дафиновите листа и разбъркайте по-голямата част от зеления лук и магданоза, като оставите малко за гарниране. Сервирайте в купички върху ориза. Добавете парчета рак във всяка купа и гарнирайте с върховете лук и магданоз. Предложете крекери от раци или ядки за краката.

15. Пиле и Андуил Гъмбо

ПРАВИ 6-8 ПОРЦИИ

СЪСТАВКИ

2 килограма пилешки бутчета без кости, нарязани на хапки, или 1 цяло пиле, нарязано на парчета

1 килограм наденица andouille, нарязана на хапки

2 супени лъжици плюс 1/2 чаша растително масло, разделени

3/4 чаша универсално брашно

1 голяма глава лук, нарязана

1 връзка зелен лук, нарязан, белите и зелените части се отделят

1 зелена чушка, нарязана

2 стръка целина, нарязани

4 скилидки чесън, смлени

6 чаши пилешки бульон

2 дафинови листа

1 чаена лъжичка креолска подправка

Сол и прясно смлян черен пипер на вкус

1/3 чаша нарязан плосък магданоз

Варен дългозърнест бял ориз, за сервиране

В голяма, тежка тенджера запържете пилето и андула в 2 супени лъжици олио. Извадете месото от тенджерата и го оставете настрана.

Добавете останалото масло и брашното в тенджерата и разбърквайте непрекъснато на силен огън, докато сместа започне да покафенява. Намалете топлината до средна или средно-ниска и гответе, като бъркате непрекъснато, докато сместа придобие цвета на черен шоколад.

Добавете лука, белите части на зеления лук, чушката, целината и чесъна и задушете на слаб огън за около 5 минути. Постепенно добавете пилешкия бульон. Добавете дафиновите листа и креолската подправка и подправете със сол и черен пипер; покрийте и гответе за около 45 минути до 1 час.

Добавете връховете зелен лук и магданоз и отстранете дафиновите листа. Сервирайте в купички върху ориза с лютия сос и лютия френски хляб.

16. Скариди и бамя гъмбо

ПРАВИ 8 ПОРЦИИ

СЪСТАВКИ

3 паунда малки до средни скариди в черупки с глави или 1 1/2 паунда обелени и без жилки замразени скариди, размразени

1 килограм прясна бамя, нарязана на 1/4-инчови парчета, или замразена нарязана бамя, размразена

1 супена лъжица плюс 1/2 чаша растително масло, разделени

1/2 чаша универсално брашно

1 голяма глава лук, нарязана

1 връзка зелен лук, нарязан, белите и зелените части се отделят

1 зелена чушка, нарязана

2 стръка целина, нарязани

3 големи скилидки чесън, смлени

1 (14,5-унция) консерва нарязани на кубчета домати

2 литра бульон от скариди или вода

1 1/2 чаена лъжичка креолска подправка

2 дафинови листа

1/2 чаена лъжичка сушена мащерка

1/4 чаша нарязан плосък лист магданоз

Варен дългозърнест бял ориз, за сервиране

Френски хляб

Ако използвате пресни скариди, почистете ги от главите, обелете ги и ги почистете, като поставите черупките и главите в средно голям съд. Добавете достатъчно вода, за да покриете черупките с поне 2 инча и оставете да заври. Покрийте, намалете котлона до минимум и оставете да къкри за 30 минути. Когато леко се охлади, прецедете бульона в голяма мерителна чаша и изхвърлете черупките.

Ако използвате прясна бамя, загрейте 1 супена лъжица масло в среден до голям тиган. На среден огън гответе бамята, като разбърквате от време на време, докато жилавата течност изчезне. Заделени.

Загрейте останалото масло в голям, тежък съд на висока температура. Добавете брашното и бъркайте непрекъснато, докато сместа започне да покафенява. Намалете котлона до среден и гответе, като бъркате непрекъснато, докато сместа стане с цвета на млечен шоколад. Добавете лука и белите части на зеления лук и гответе, като разбърквате, докато лукът започне да се карамелизира. Добавете черен пипер и целина и гответе, докато омекнат. Добавете чесъна и гответе още минута.

Добавете доматите и постепенно разбъркайте бульона или водата. Добавете всички подправки с изключение на магданоза, намалете котлона до минимум, покрийте и оставете да къкри 30 минути. Добавете скаридите и оставете да къкри, докато скаридите порозовеят, около 10 минути. Свалете от котлона и добавете връхчета зелен лук и магданоз и отстранете дафиновите листа.

Сервирайте в купички върху горещ ориз с горещ френски хляб.

17. Супер Гъмбо

ПРАВИ 10-12 ПОРЦИИ

СЪСТАВКИ

2 килограма скариди в черупки с глави

1 килограм пресни или замразени раци гумбо, размразени, ако са замразени

6 парчета пиле (като бутчета и бутчета)

Сол, черен пипер и креолски подправки на вкус

1 килограм прясна бамя, нарязана на парчета, или замразена нарязана бамя, размразена

1 супена лъжица плюс 1 чаша растително масло, разделени

1 чаша универсално брашно

1 голяма глава лук, нарязана

1 връзка зелен лук, нарязан, белите и зелените части се отделят

1 зелена чушка, нарязана

2 стръка целина, нарязани

4 скилидки чесън, смлени

1/2 фунт андуил или друг пушен колбас, нарязан на четвъртинки по дължина и нарязан на 1/4 инча дебелина

2 пресни домата, нарязани на кубчета, или 1 (14,5-унция) консерва нарязани на кубчета домати

2 супени лъжици доматено пюре

9 чаши морски дарове или пилешки бульон, или комбинация от двете

3 дафинови листа

1/2 чаена лъжичка креолска подправка

1 чаена лъжичка сол

Няколко оборота на мелница за черен пипер

2 супени лъжици наситнен плосък магданоз

Варен дългозърнест бял ориз, за сервиране

Почистете главите, обелете и почистете скаридите, като поставите главите и черупките в среден съд. Добавете достатъчно вода, за да покриете черупките с поне 2 инча и оставете да заври. Покрийте, намалете котлона и оставете да къкри за 30 минути. Когато леко се охлади, прецедете бульона в голяма мерителна чаша и изхвърлете черупките.

Отстранете от раците всичко друго освен черупките, съдържащи месото от раци, оставяйки бутчетата и жълтата и оранжевата мазнина на място. Ако някои части от черупката се нуждаят от почистване, направете го с гъба.

Изплакнете и подсушете парчетата пиле и поръсете обилно със сол, черен пипер и креолска подправка.

В среден тиган загрейте 1 супена лъжица растително масло; добавете бамята и гответе на силен огън, като разбърквате често, докато започне леко да покафенява. Намалете топлината до средна и продължете да готвите, докато лепкавата течност изчезне.

В голяма, тежка тенджера загрейте 2 супени лъжици от останалото масло и запържете пилешките парчета от всички страни. Извадете пилето и го оставете настрана.

Добавете останалото масло и брашното в тенджерата и разбъркайте на силен огън, докато сместа стане светлокафява. Намалете котлона до среден и гответе, като бъркате непрекъснато, докато сместа стане тъмнокафява (с цвета на фъстъчено масло или малко по-тъмна). Внимавайте да не го прегорите.

Добавете лука, белите части на зеления лук, чушката и целината и гответе, като разбърквате, докато стане прозрачен. Добавете чесъна и гответе още минута. Добавете наденицата, доматите и доматеното пюре и гответе още 5 минути. Постепенно добавете бульона.

Добавете всички подправки без магданоза. Оставете да заври, след което намалете котлона, за да къкри. Покрийте и гответе около 1 час и 20 минути, като разбърквате от време на време и отделяте мазнината отгоре. Добавете скаридите, магданоза и върховете зелен лук, увеличете котлона и гответе няколко минути, докато скаридите порозовеят. На вкус коригирайте подправките и отстранете дафиновите листа.

Сервирайте в купички върху сварения ориз.

18. Cajun Hen Gumbo

ПРАВИ 6-8 ПОРЦИИ

СЪСТАВКИ

1 (5- до 6-килограмова) кокошка

Сол, прясно смлян черен пипер и кайенски пипер на вкус

3/4 чаша растително масло, разделено

1/2 фунт наденица andouille, нарязана на 1/2-инчови парчета

1/2 паунд тасо, нарязан на 1/2-инчови парчета

3/4 чаша универсално брашно

2 средни глави лук, нарязани

6 глави зелен лук, нарязани, белите и зелените части се отделят

1 зелена чушка, нарязана

3 стръка целина, нарязани

1 супена лъжица смлян чесън

6 1/2 чаши пилешки бульон или вода, или комбинация от двете

3 дафинови листа

Креолска подправка на вкус

3 супени лъжици наситнен плосък магданоз

Варен дългозърнест бял ориз, за сервиране

Нарежете кокошката на парчета, както режете пиле. Тъй като гърдите са големи, нарежете ги на 3 части. Използвайте гръбната кост и всички вътрешности, с изключение на черния дроб. Изплакнете, подсушете и поръсете обилно от всички страни със сол и черен пипер.

Използвайки много голям, тежък съд, загрейте 1/4 чаша олио и запържете пилето добре от всички страни. Извадете пилето от тенджерата и го оставете настрана.

Добавете останалото олио и брашното в тенджерата и бъркайте непрекъснато на силен огън, докато сместа стане светлокафява. Намалете котлона до среден и гответе при непрекъснато бъркане, докато сместа стане тъмнокафява (с цвета на млечен шоколад или малко по-тъмна).

Намалете котлона до минимум; добавете лука, белите части на зеления лук, чушката, целината и чесъна и задушете, докато стане прозрачен. Постепенно добавете бульона и/или водата. Добавете дафиновите листа и подправете с креолска подправка, покрийте и оставете да къкри 3 часа, като разбърквате от време на време. Докато гъмбото се готви, отстранете мазнината от повърхността. Можете да обезмаслите до 1 чаша мазнина.

Когато гумбо се сготви и пилето е крехко, отстранете дафиновите листа и разбъркайте върховете зелен лук и магданоза. Сервирайте в купички върху ориза.

19. Пъдпъдък Гъмбо

ПРАВИ 8 ПОРЦИИ

СЪСТАВКИ

8 пресни пъдпъдъци или замразени, размразени

Сол и прясно смлян черен пипер на вкус

1 паунд будин или около 4 чаши домашно приготвена джамбалая (или използвайте бърза смес като Zatarain's или Oak Grove)

3/4 чаша растително масло

3/4 чаша универсално брашно

1 голяма глава лук, нарязана

3 глави зелен лук, нарязани, белите и зелените части се отделят

1 зелена чушка, нарязана

4 големи скилидки чесън, смлени

1/4 фунт тасо или андуил (или друг пушен) наденица, нарязана на хапки

2 супени лъжици доматено пюре

6 чаши домашен или консервиран пилешки бульон

1 чаена лъжичка сушена мащерка

3 дафинови листа

1/2 чаена лъжичка креолска подправка

1/2 чаена лъжичка целина сол

3 супени лъжици наситнен плосък магданоз

Изплакнете пъдпъдъците и отстранете всички останали пера. Подсушете добре и овкусете със сол и черен пипер отвътре и отвън. Ако използвате будин, извадете го от обвивките. Напълнете всеки пъдпъдък с около 4 супени лъжици будин или джамбалая и завържете връв около всеки пъдпъдък отзад напред, кръстосвайки бутчетата, за да държите в плънката.

В широка, тежка тенджера загрейте 3 супени лъжици олио и внимателно запечете пъдпъдъците леко от всички страни, като ги местите, за да не залепне кожата. Извадете пъдпъдъка от тенджерата и го оставете настрана.

Добавете останалото олио и брашното в тенджерата и бъркайте непрекъснато на средно силен огън, докато брашното започне да покафенява. Намалете котлона до среден и гответе, като бъркате непрекъснато, докато руто придобие цвета на фъстъчено масло.

Намалете котлона и добавете лука и белите части на зеления лук, като ги карамелизирате за около 5 минути. Добавете чушката и гответе, докато омекне. Добавете чесъна и гответе още 1 минута. Добавете доматеното пюре и тасо и гответе още няколко минути. Постепенно добавете бульона, последван от всички подправки с изключение на върховете зелен лук и магданоза. Оставете да заври и след това намалете топлината до средно ниска.

Върнете пъдпъдъка в тенджерата, покрийте и оставете да къкри за 30 минути. Когато е готово, добавете върховете зелен лук и отстранете дафиновите листа.

За сервиране поставете по 1 пъдпъдък във всяка купа гумбо и поръсете с магданоз.

20. Gumbo z'Herbes

ПРАВИ 8 ПОРЦИИ

СЪСТАВКИ

1 малка кост от шунка или кубчета пушена шунка от 1/2 фунта

1 пинта олющени стриди с техния алкохол

1/2 чаша растително масло

1/2 чаша универсално брашно

1 голяма глава лук, нарязана

3 глави зелен лук, нарязани

3 стръка целина, нарязани

3 скилидки чесън, смлени

1/2 чаена лъжичка креолска подправка

3 дафинови листа

1/2 чаена лъжичка сушена мащерка

1 супена лъжица захар

2 чаши почистени и грубо нарязани листа горчица

2 чаши почистени и едро нарязани зеленчуци от ряпа

4 чаши почистени и грубо нарязани зеленчуци

4 чаши спанак

1 връзка плосък магданоз

1/2 малка зелка, накълцана или настъргана

2 чаши ендивия, накъсана на парчета

Сол и прясно смлян черен пипер на вкус

Варен дългозърнест бял ориз, за сервиране

Ако използвате кост от шунка, оставете да къкри в голяма тенджера в 2 литра вода, покрита, за 2 часа или докато месото започне да пада от костта. Когато се охлади достатъчно, за да се борави, отстранете месото от костта и го оставете настрана. Изхвърлете костта и запазете бульона (ще ви трябват около 7 чаши).

Прецедете стридите, като запазите алкохола им и проверете за фрагменти от черупки. Трябва да имате около 1/2 чаша алкохол.

В много голяма, тежка тенджера смесете олиото и брашното и разбъркайте на силен огън, докато сместа започне да покафенява. Намалете котлона на средна степен и гответе при непрекъснато бъркане, докато сместа придобие цвета на млечен шоколад. Веднага добавете лука и оставете да къкри, докато се карамелизира. Добавете целината и чесъна и оставете да къкри още минута.

Разбъркайте запазения бульон от шунка, ликьор от стриди (около 1/2 чаша), креолска подправка, дафинови листа, мащерка, захар, запазена шунка или кубчета шунка и зеленчуци и подправете със сол и черен пипер. Оставете да къкри, покрито, за около 1 час. Добавете стридите и гответе, докато се навият, около 1 минута. Опитайте и коригирайте подправките. Изключете котлона и извадете дафиновите листа.

Сервирайте в купички Gumbo върху ориза.

21. Филе Гъмбо

ПРАВИ 6-8 ПОРЦИИ

СЪСТАВКИ

2 килограма скариди в черупки с глави

1/2 чаша растително масло или капки от бекон

1/2 чаша универсално брашно

1 глава лук, наситнена

1 зелена чушка, нарязана

3 скилидки чесън, смлени

2 супени лъжици доматено пюре

2 дафинови листа

1/2 чаена лъжичка сол или на вкус

1/2 чаена лъжичка прясно смлян черен пипер или на вкус

1/2 чаена лъжичка кайенски пипер или на вкус

2 супени лъжици филе на прах

1 паунд джъмбо месо от раци

Варен дългозърнест бял ориз, за сервиране

Почистете главите, обелете и почистете скаридите, като поставите главите и черупките в среден съд. Добавете достатъчно вода, за да покриете черупките с поне 2 инча и оставете да заври. Покрийте, намалете котлона и оставете да къкри за 30 минути. Когато леко се охлади, прецедете бульона в голяма мерителна чаша и изхвърлете черупките. Ако е необходимо, добавете достатъчно вода към бульона, за да направите 5 чаши течност. Заделени.

В голяма, тежка тенджера смесете олиото и брашното. Бъркайте непрекъснато на силен огън, докато брашното започне да покафенява. Намалете котлона до среден и бъркайте непрекъснато, докато сместа стане тъмнокафява.

Добавете лука и чушката и гответе, докато омекнат. Добавете чесъна и гответе още минута. Добавете доматеното пюре и оставете да къкри 5 минути, като разбърквате от време на време. Постепенно добавете бульона от скариди. Добавете всички подправки с изключение на филето, захлупете и оставете да къкри на тих огън 30 минути.

Добавете скаридите и продължете да готвите 3 минути, ако скаридите са малки, или 7 минути, ако са големи. Изключете котлона. Ако сервирате цялото гумбо веднага, добавете филето и разбъркайте добре. (Ако не, запазете филето, за да го добавите в отделни купи.) Внимателно разбъркайте месото от раци.

Сервирайте в купички върху горещия ориз. Ако не сте добавили филето, добавете във всяка купа по 1/2-3/4 ч.л., в зависимост от размера на купичките.

22. Сом Гъмбо

ПРАВИ 6-8 ПОРЦИИ

СЪСТАВКИ

3 паунда хапки сом, разделени

1/2 чаша рапица или друго растително масло

1/2 чаша универсално брашно

1 голяма глава лук, нарязана, обелките и дреболиите запазени

1 зелена чушка, нарязана, семената и дреболиите са запазени

2 стръка целина, нарязани

6 глави зелен лук, нарязани, белите и зелените части се отделят

3 големи скилидки чесън, смлени

1 (10-унция) консерва оригинални домати Rotel с люти чушки

2 чаши нарязани пресни или консервирани кубчета домати

3 чаши бульон

1/2 чаша бяло вино

3 дафинови листа

1/2 чаена лъжичка сушена мащерка

1 чаена лъжичка пресен лимонов сок

1/2 чаена лъжичка сос Worcestershire

1 1/2 чаена лъжичка креолска подправка

Сол и прясно смлян черен пипер на вкус

2 супени лъжици наситнен плосък магданоз

Варен дългозърнест бял ориз, за сервиране

Нарежете 2 килограма хапки от сом на 1-инчови кубчета и оставете настрана. Поставете останалите хапки в малка тенджера с 4 чаши вода и изрезките от зеленчуците, за да направите бульон. Покрийте и оставете да къкри за 45 минути. Прецедете бульона в голяма мерителна чаша и изхвърлете твърдите вещества.

Загрейте олиото в голям, тежък съд. Добавете брашното и бъркайте непрекъснато на умерен огън, за да направите средно тъмен руф с цвета на фъстъчено масло. Добавете лука, белите части на зеления лук, чушката и целината и гответе, докато омекнат. Добавете чесъна и гответе още 1 минута.

Добавете доматите, 3 чаши бульон, виното, дафиновите листа, мащерката, лимоновия сок, соса Worcestershire и креолската подправка и подправете със сол и черен пипер. Оставете да заври. Намалете котлона, покрийте и оставете да къкри 30 минути, като разбърквате от време на време.

Добавете нарязания на кубчета сом и оставете да заври. Намалете котлона и оставете да къкри, докато рибата се свари, около 5 минути. Извадете дафиновите листа и добавете върховете магданоз и зелен лук. Покрийте и оставете гумбото да почине около час.

Загрейте отново гъмбото и сервирайте в купички върху ориза.

23. Зеле Гъмбо

ПРАВИ 4-6 ПОРЦИИ

СЪСТАВКИ

1 голяма зелка (около 3 паунда)

4 дебели филийки бекон

1/4 чаша растително масло (повече или по-малко според нуждите)

1/2 чаша универсално брашно

1 глава лук, наситнена

1 зелена чушка, нарязана

2 стръка целина, нарязани

3 големи скилидки чесън, смлени

Сол и прясно смлян черен пипер на вкус

1 чаена лъжичка захар

3 дафинови листа

1 чаена лъжичка креолска подправка

8 чаши вода

1 (10-унция) консерва оригинални домати Rotel със зелени люти чушки

2 малки пушени бутчета

Варен дългозърнест бял ориз, за сервиране

Нарежете зелето на хапки; изплакнете, отцедете и оставете настрана.

В голям, тежък съд гответе бекона, докато стане хрупкав. Извадете бекона от тенджерата и го запазете. Внимателно изсипете мазнината от бекон в голяма мерителна чаша и добавете достатъчно масло, за да направите 1/2 чаша. Върнете мазнината в тигана и добавете брашното; разбърквайте непрекъснато на среден огън, за да направите светлокафяв или с цвят на масло.

Добавете лука, чушката и целината и задушете, докато омекнат. Добавете чесъна и задушете още минута. Разбъркайте останалите съставки и зелето и оставете да заври. Намалете котлона, покрийте и оставете да къкри за 1 час, като разбърквате от време на време.

Сервирайте в купички върху ориза и отгоре с натрошен запазен бекон. Сервирайте горещ сос отстрани.

24. Пуешко гъмбо

ПРАВИ 6-8 ПОРЦИИ

СЪСТАВКИ

1 или повече пуешки трупове и остатъци от пуйка

1/2 чаша растително масло

1/2 чаша универсално брашно

1 глава лук, наситнена

1 връзка зелен лук, нарязан

3 стръка целина, нарязани

3 скилидки чесън, смлени

Остатъчен пуешки сос (по избор)

2 дафинови листа

1/2 чаена лъжичка сушена мащерка

Сол, креолска подправка и прясно смлян черен пипер на вкус

1/2 килограм андуил (или друг пушен) колбас, нарязан на хапки

1 пинта олющени стриди (по избор)

3 супени лъжици наситнен плосък магданоз

Варен дългозърнест бял ориз, за сервиране

Отстранете всяко месо от трупа на пуйка. Нарежете на хапки, заедно с остатъците от пуйка. Заделени.

Поставете пуешките кости в тенджера, покрийте с вода и оставете да заври. Намалете котлона до минимум, покрийте и оставете да къкри за 1 час. Когато се охлади достатъчно, за да се борави, прецедете бульона в голяма мерителна чаша и изхвърлете костите. Ако използвате стриди, прецедете ликьора от стриди в бульона. Ако е необходимо, добавете вода, за да направите най-малко 8 чаши течност. Заделени.

В голям, тежък съд загрейте олиото на средно висока температура. Добавете брашното и бъркайте непрекъснато, докато сместа започне да покафенява. Намалете топлината до средна и гответе, като бъркате непрекъснато, докато руто стане с цвета на фъстъчено масло.

Добавете лука и целината и оставете да къкри на слаб огън, докато станат прозрачни. Добавете чесъна и гответе още минута. Добавете 8 чаши бульон (или повече, ако предпочитате по-рядко гумбо; ако имате останал пуешки сос, добавете го на този етап).

Добавете всички подправки (без магданоза) и наденицата; покрийте и оставете да къкри за 30 минути. Добавете пуешкото месо и стридите, ако използвате, и гответе, докато стридите се извият, 1-2 минути. Отстранете дафиновите листа и коригирайте подправките. Добавете магданоза и сервирайте в купички върху ориза.

25. Roux-less Gumbo

ПРАВИ 6-8 ПОРЦИИ

СЪСТАВКИ

2 паунда средни скариди в черупки с глави или 1 паунд обелени и размразени замразени скариди

3 чаши нарязана прясна бамя или 3 чаши замразена нарязана бамя, размразена

1 килограм пилешки бутчета без кости, нарязани на 1-инчови парчета

Креолска подправка за поръсване на пиле плюс 1/2 ч.л

1 чаена лъжичка плюс 3 супени лъжици растително масло

1 голяма глава лук, нарязана

1 зелена чушка, нарязана

1 връзка зелен лук, нарязан, зелените и белите части разделени

2 стръка целина, нарязани

3 скилидки чесън, смлени

1 (15-унция) консерва смачкани домати

4 чаши скариди и/или пилешки бульон

1/2 чаена лъжичка сол

10 смила на мелничка за черен пипер

1 чаена лъжичка целина сол

1 голяма супена лъжица наситнен плосък магданоз

1 супена лъжица филе на прах

Варен дългозърнест бял ориз, за сервиране

Ако използвате пресни скариди, отстранете главите и черупките и почистете скаридите. Поставете черупките и главите в среден съд, добавете достатъчно вода, за да покриете черупките с поне 2 инча, и ги оставете да заври. Покрийте, намалете котлона до минимум и оставете да къкри за 30 минути. Когато леко се охлади, прецедете бульона в голяма мерителна чаша и изхвърлете черупките. Ще ви трябват 4 чаши бульон. Запазете останалото за по-късна употреба.

Загрейте 1 чаена лъжичка олио в тиган на среден огън и добавете бамята. Гответе, като обръщате често, докато се отстрани цялата мазнина от бамята. Заделени.

Поръсете пилето от всички страни с креолска подправка. Загрейте останалото масло в голяма, тежка тенджера и на 2 партиди запържете парчетата пиле от всички страни. Извадете пилето в чиния.

Добавете лука, белите части на зеления лук, чушката и целината в тенджерата и ги задушете, докато станат прозрачни. Добавете чесъна и задушете още минута.

Върнете пилето в тенджерата и добавете бамята, доматите, бульона, останалата креолска подправка, сол, черен пипер и сол от целина. Покрийте и оставете да къкри за 30 минути.

Добавете скаридите, върховете зелен лук и магданоза и гответе още 5-10 минути или докато скаридите порозовеят. Добавете филето в тенджерата, ако възнамерявате да сервирате цялото бамбо. Сервирайте в купички върху ориза. Ако не сте добавили филето, добавете във всяка купа по 1/2-3/4 ч.л.

26. Дък и Андуил Гъмбо

ПРАВИ 6-8 ПОРЦИИ

СЪСТАВКИ

1 (6-фунтово) пате

2 глави лук, 1 на четвъртинки, а другата на ситно

4 стръка целина, 2 нарязани на едро, а другите 2 нарязани

4 дафинови листа, разделени

Прясно смлян черен пипер, на вкус

1 килограм наденица andouille, нарязана на хапки

3/4 чаша растително масло

1 чаша универсално брашно

1 връзка зелен лук, нарязан, белите и зелените части се отделят

1 зелена чушка, нарязана

4 скилидки чесън, смлени

1/2 чаена лъжичка сушена мащерка

1/2 чаена лъжичка креолска подправка

1/4 чаена лъжичка кайенски пипер

1 супена лъжица сос Worcestershire

Сол на вкус

1/2 чаша нарязан плосък лист магданоз

Варен дългозърнест бял ориз, за сервиране

Изплакнете патицата и отстранете излишната мазнина. Поставете патицата в голяма тенджера и я покрийте с вода. Добавете нарязания на четвъртинки лук, парчетата целина, 2 дафинови листа и няколко смлени на мелничка чушки. Оставете да заври. Намалете котлона до минимум и оставете да къкри, докато патицата се свари, около 45 минути. Извадете патицата от тенджерата и я оставете да почине, докато изстине достатъчно, за да може да се справи. Обезкостете патицата и нарежете месото на хапки. Оставете месото настрана.

Върнете костите в тенджерата и оставете да къкри 1 час. Прецедете бульона в голяма купа и оставете да изстине. Охладете, докато мазнината се втвърди и обезмаслете и изхвърлете мазнината.

В голям тиган запържете наденицата на средно силен огън. Заделени.

Загрейте маслото в голям, тежък съд на силен огън; добавете брашното и бъркайте непрекъснато, докато сместа започне да покафенява. Намалете топлината до средна или средно-ниска и гответе, като бъркате непрекъснато, докато сместа придобие цвета на черен шоколад.

Добавете наситнения лук, белите части на зеления лук, целината и чушката и гответе, като разбърквате, докато омекнат. Добавете чесъна и гответе още минута. Постепенно добавете 6 чаши бульон. (Ако имате допълнителен бульон, замразете го за друга употреба.) Добавете останалите дафинови листа и мащерката, креолска подправка, лют червен пипер и сос Worcestershire и подправете със сол.

Добавете наденицата и патицата и оставете да къкри под капак, докато патицата омекне, около 1 час. Разбъркайте върховете магданоз и зелен лук.

Сервирайте в купички върху ориза с лют сос и горещ френски хляб отстрани.

27. Джамбалая от задушена гъска и гъши дроб

ПРАВИ 4-6 ПОРЦИИ

СЪСТАВКИ

1 чаша гъше месо

6 унции гъши дроб, нарязан

12 скилидки чесън, обелени и смлени

1 глава лук, средно нарязана на кубчета

2 зелени чушки, средно нарязани на кубчета

6 стръка целина, средно нарязани на кубчета

2 дафинови листа

1 чаена лъжичка лют червен пипер

4 супени лъжици кошерна сол или на вкус

1/2 чаша червено вино

2 чаши ориз

4 чаши птичи бульон

1 супена лъжица пресен градински чай

1 супена лъжица нарязана прясна мащерка

Гответе гъшето месо в среден тиган на силен огън, като разбърквате, докато покафенее. Намалете котлона до минимум, добавете малко количество вода, покрийте плътно и гответе, докато месото омекне, около 1-2 часа.

Поставете тиган за задушаване с дебело дъно на средно силен огън. Добавете гъши дроб в тигана и завъртете, за да се разтопи за 5 секунди. Добавете чесъна, лука, чушката, целината, дафиновите листа, лютия червен пипер и солта. Завъртете равномерно с дървена лъжица за 3-5 минути или докато лукът стане прозрачен и зеленчуците омекнат и започнат да покафеняват.

Добавете виното и бъркайте непрекъснато, за да деглазирате тигана, оставяйки течността да се изпари напълно.

Добавете месото, ориза и бульона и оставете джамбалаята да заври. Намалете котлона, покрийте тигана и гответе за 10 минути. Изключете котлона, дръжте тигана покрит и продължете да готвите на пара, докато оризът се свари напълно. Разбъркайте ориза с вилица и добавете салвията и мащерката.

28. Черна Джамбалая

ПРАВИ 10-12 ПОРЦИИ

СЪСТАВКИ

1/4 чаша растително масло

1 килограм пушен колбас от Луизиана, като андуил, чаурис или зелен лук, нарязан на кръгчета с дебелина 1/4 инча

1 голяма глава лук, нарязана на кубчета

3 стръка целина, нарязани на кубчета

2 чушки поблано, нарязани на кубчета

1/4 чаша смлян чесън

1/2 фунт пушено свинско дупе (вижте бележката)

1/2 килограм пушени пилешки бедра (вижте забележката)

1 (12-унция) консерва черноок грах

4 чаши бульон, за предпочитане свински (вижте бележката)

2 супени лъжици нарязан пресен риган

2 супени лъжици наситнен плосък магданоз

2 супени лъжици нарязана прясна мащерка

1 супена лъжица кошер сол

1 чаена лъжичка прясно смлян черен пипер

1 чаена лъжичка лют червен пипер

2 чаши дългозърнест ориз на Uncle Ben

В голям, тежък съд, за предпочитане черен чугун, загрейте олиото на среден огън. Добавете наденицата и гответе, докато се навие. Добавете лука, целината, чушките и чесъна и ги задушете, докато станат прозрачни. Добавете свинското месо и гответе 5 минути, като разбърквате често. Добавете пилето и гответе още 5 минути. Добавете черноокия грах и гответе още 5 минути.

Добавете бульон и оставете да заври. Добавете билките и подправките и след това ориза и оставете да къкри. Покрийте и гответе на слаб огън, докато оризът свърши, около 30 минути.

ЗАБЕЛЕЖКА * Ако не искате да пушите свинското или пилешкото месо, можете да го задушите. За да задушите свинското, натрийте го със сол и черен пипер и го запържете от всички страни в черен железен тиган, след което го гответе във вода на котлона или във фурната, докато месото се отдели от костта. След това можете да използвате течността за задушаване за бульона. За да приготвите пилето, натрийте го със сол и черен пипер и го запържете от всички страни на висока температура, докато се карамелизира и бъде 75 процента сварено, преди да го добавите на хапки към джамбалая.

29. Джамбалая с пиле, скариди и наденица

ПРАВИ 6-8 ПОРЦИИ

СЪСТАВКИ

1 пиле, нарязано на 10 парчета, разделяне на гърдите на четвърти Сол, прясно смлян черен пипер и креолска подправка на вкус

1/4 чаша растително масло

1 килограм пушен колбас, за предпочитане свински, нарязан на кръгчета с дебелина 1/4 инча

1 голяма глава лук, нарязана

6 глави зелен лук, нарязани, разделени зелените и белите части

1 зелена чушка, нарязана

2 стръка целина, нарязани

4 скилидки чесън, смлени

3 чаши вода или повече, ако е необходимо

1/2 чаена лъжичка сол

1/2 чаена лъжичка прясно смлян черен пипер

1 супена лъжица креолска подправка

1 1/2 чаши дългозърнест бял ориз

2 килограма скариди, обелени и без жилки, или 1 килограм средно обелени и без жилки замразени скариди, размразени

1/3 чаша смлян италиански плосък магданоз

Изплакнете пилешките парчета и ги подсушете. Подправете от всички страни със сол, прясно смлян черен пипер и креолска подправка. Загрейте олиото в голям, тежък съд. Когато е горещо, запържете пилето от всички страни и го извадете върху хартиени кърпи. Запържете наденицата и я извадете от тенджерата.

Ако е необходимо, добавете достатъчно масло, за да покрие дъното на тенджерата. Добавете лука, белите части на зеления лук, чушката и целината и задушете до прозрачност. Добавете чесъна и задушете още минута. Добавете водата и подправките и оставете да заври на силен огън. Добавете ориза, покрийте и намалете котлона до минимум. Оставете да къкри 20 минути. Внимателно разбъркайте скаридите (в този момент все още трябва да има малко течност на дъното на тенджерата. Ако не, добавете 1/4 чаша вода за влага, докато скаридите се готвят), върховете зелен лук и магданоза и оставете да къкри Още 10 минути, или докато водата се абсорбира. Разбъркайте внимателно, за да не раздробите съставките.

Сервирайте горещо с горещ френски хляб и салата и лют сос Луизиана отстрани.

30. Раци и наденица Джамбалая

ПРАВИ 8-10 ПОРЦИИ

СЪСТАВКИ

3 супени лъжици растително масло

1 среден лук, нарязан

1 връзка зелен лук, нарязан, белите и зелените части се отделят

1 зелена чушка, нарязана

2 стръка целина, нарязани

3 скилидки чесън, смлени

1 килограм пушен колбас, нарязан на кръгчета с дебелина 1/4 инча

1 (14,5-унция) консерва нарязани на кубчета домати

1 супена лъжица доматено пюре

3 чаши бульон от морски дарове, за предпочитане, или пилешки бульон или вода

1/2 чаена лъжичка сушена мащерка

1/4 чаена лъжичка креолска подправка

1/2 чаена лъжичка сол

1/2 чаена лъжичка прясно смлян черен пипер

1 чаена лъжичка сос Worcestershire

1 1/2 чаши ориз

1 паунд опашки от раци Луизиана с мазнина

2 супени лъжици наситнен плосък магданоз

Загрейте олиото в голям, тежък съд. Добавете лука, белите части на зеления лук, чушката и целината и задушете до прозрачност. Добавете чесъна и наденицата и задушете още няколко минути. Добавете доматите, доматеното пюре и бульона и оставете да заври. Добавете подправките с изключение на магданоза, намалете котлона до минимум, покрийте и оставете да къкри за 5 минути. Върнете на котлона и добавете ориза. Отново намалете котлона и оставете да къкри под капак за 10 минути. Добавете лангуста и върховете зелен лук и оставете да къкри, докато течността се абсорбира, още около 20 минути. Свалете от котлона и отгоре поръсете магданоза.

31. Пасталая

ПРАВИ 6-8 ПОРЦИИ

СЪСТАВКИ

3 супени лъжици растително масло като рапица

1/2 фунт пушен колбас, нарязан на кръгчета с дебелина 1/2 инча

2 обезкостени пилешки гърди без кожа, нарязани на кубчета

1 голяма глава лук, нарязана

1/2 зелена чушка, нарязана

2 стръка целина, нарязани

6 глави зелен лук, нарязан

3 големи скилидки чесън, смлени

1 (14,5-унция) консерва нарязани на кубчета домати

3 чаши пилешки бульон, домашен или от консерва

1/2 чаена лъжичка сушена мащерка

1/2 чаена лъжичка креолска подправка

Сол и прясно смлян черен пипер на вкус

12 унции спагети или друга паста

Загрейте олиото до горещо в голям, тежък съд. Запържете наденицата от двете страни на силен огън и я извадете от тенджерата. Запържете пилешките кубчета и ги извадете от тенджерата. Намалете топлината до средна и задушете лука, чушката, целината и зеления лук, докато омекнат. Добавете чесъна и задушете още минута. Добавете доматите и пилешкия бульон и върнете наденицата и пилето в тенджерата. Оставете да къкри, покрито, за 15 минути.

Добавете пастата и я разбъркайте в течността. Оставете да къкри, покрито, на средно слаб огън, като разбърквате от време на време, за още 15 минути или докато макароните станат ал денте и поемат по-голямата част от течността.

32. Джамбалая за бавно готвене

ПРАВИ 6-8 ПОРЦИИ

СЪСТАВКИ

1 1/2 паунда пилешки бутчета без кости, изплакнати, почистени от излишната мазнина и нарязани на 1-инчови кубчета

3 връзки пушена наденица Cajun (общо около 14 унции), нарязани на кръгчета с дебелина 1/4 инча

1 среден лук, нарязан

1 зелена чушка, нарязана

1 стрък целина, нарязан

3 скилидки чесън, смлени

2 супени лъжици доматено пюре

1 чаена лъжичка креолска подправка

1 чаена лъжичка сол

1/2 чаена лъжичка прясно смлян черен пипер

1/2 чаена лъжичка сос Табаско

1/2 чаена лъжичка сос Worcestershire

2 чаши пилешки бульон

1 1/2 чаши дългозърнест ориз

2 килограма средни скариди, обелени и без жилки (по избор)

Поставете всички съставки (с изключение на скаридите, ако използвате) в тенджера за бавно готвене. Разбъркайте заедно, покрийте и гответе на ниска температура за 5 часа.

Ако използвате скариди, внимателно ги разбъркайте след 5-те часа готвене и гответе на висока температура за още 30 минути до 1 час или докато скаридите са готови, но не преварени.

LAGNIAPPE

33. Бисквит от раци

ПРАВИ 4 ПОРЦИИ

СЪСТАВКИ

3 супени лъжици плюс 1/2 чаша растително масло, разделени

2 паунда пресни опашки от рак, разделени или 2 замразени (1 паунд) опаковки, размразени, разделени

1 глава лук, нарязана и разделена

1 връзка зелен лук, нарязан и разделен

1 зелена чушка, нарязана и разделена

3 скилидки чесън, смлени и разделени

3/4 чаена лъжичка сол, разделена

3/4 чаена лъжичка прясно смлян черен пипер, разделен

3/4 чаена лъжичка креолска подправка, разделена

2 чаши галета, направени в кухненски робот от стар френски хляб

1 яйце, разбито

2/3 чаша плюс 1/2 чаша универсално брашно, разделени

5 чаши бульон от морски дарове или вода

2 супени лъжици доматено пюре

Щипка кайенски пипер или на вкус

2 чаши варен дългозърнест бял ориз

2 супени лъжици наситнен плосък магданоз

Загрейте фурната до 350°. Напръскайте голям лист за печене с незалепващ спрей за готвене и оставете настрана.

Загрейте 3 супени лъжици олио в голям тиган и задушете половината лук, зеления лук, чушката и чесъна. Добавете 1 килограм раци и запържете за 5 минути. Извадете сместа в кухненски робот и смелете до консистенцията на смляно месо. Прехвърлете сместа в купа и добавете 1/4 чаена лъжичка сол, 1/4 чаена лъжичка черен пипер, 1/4 чаена лъжичка креолска подправка, галетата и яйцето и разбъркайте добре.

Поставете 2/3 чаша брашно в плитка тава за печене. Разточете сместа на 1-инчови топки. Оваляйте топките в брашното и ги поставете върху тавата за печене. Печете, като обръщате топките няколко пъти, докато леко покафенеят навсякъде, около 35 минути. Заделени.

Загрейте останалото масло в средно силен съд на средно висока температура. Добавете останалото брашно при непрекъснато бъркане, докато придобие цвят на фъстъчено масло. Добавете останалите лук, черен пипер и чесън и гответе, докато стане прозрачен. Добавете бульона или водата, доматеното пюре, останалата сол, черен пипер и креолската подправка и лютия червен пипер и оставете да къкри под капак за 15 минути.

Накълцайте останалите опашки от раци и добавете към бисквитите и продължете да готвите 15 минути. За гладка бисквита пасирайте с ръчен пасатор. Добавете топчетата от раци и оставете да къкри още 5 минути.

Сервирайте в купички върху ориза. Поръсете с магданоз.

34. Раци Etouffée

ПРАВИ 8-10 ПОРЦИИ ИЛИ ДОСТАТЪЧНО ЗА ТЪЛПА НА ПАРТИ БЮФЕТ

СЪСТАВКИ

3/4 чаша масло или растително масло

3/4 чаша универсално брашно

1 голяма глава лук, нарязана

1 връзка зелен лук, нарязан, белите и зелените части се отделят

1 зелена чушка, нарязана

3 стръка целина, нарязани.

4 големи скилидки чесън, смлени

3 супени лъжици доматено пюре

6 чаши бульон от морски дарове или вода (вижте бележката)

1/2 чаена лъжичка сушена мащерка

3 дафинови листа

1 чаена лъжичка креолска подправка

1 чаена лъжичка сол

1 супена лъжица пресен лимонов сок

Лют пипер и прясно смлян черен пипер на вкус

2-3 килограма опашки от рак с мазнина

3 супени лъжици наситнен плосък магданоз

Варен дългозърнест бял ориз, за сервиране

В голяма, тежка тенджера разтопете маслото или загрейте олиото на среден огън. Добавете брашното и бъркайте непрекъснато. Ако използвате масло, гответе рутото, докато придобие рус или златист цвят. Ако използвате олио, продължете да готвите, като разбърквате, докато рутото стане средно кафяво. Добавете лука, белите части на зеления лук, чушките, целината и чесъна и задушете, като разбърквате, докато стане прозрачен.

Добавете доматеното пюре, бульона или водата, мащерката, дафиновите листа, креолската подправка, солта и лимоновия сок, подправете с кайен и черен пипер и оставете да заври. Намалете топлината, покрийте и оставете да къкри за 20 минути, като разбърквате от време на време и отделяте мазнината отгоре. Добавете лангуста, магданоза и връхчетата зелен лук, оставете да заври, намалете котлона и оставете да къкри 10 минути. Отстранете дафиновите листа.

Когато сте готови за сервиране, леко загрейте и сервирайте върху ориза.

35. Пайове с раци

ПРАВИ 5 (5-ИНЧА) ИНДИВИДУАЛНИ ПИТИ

СЪСТАВКИ

Достатъчно тесто за четири 9-инчови пайове (купеното от магазина е добре)

2 паунда опашки от рак с мазнина, разделени

6 супени лъжици масло

6 супени лъжици универсално брашно

2 средни глави лук, нарязани

1 зелена чушка, нарязана

4 скилидки чесън, смлени

2 чаши половин-половин

4 супени лъжици шери

2 супени лъжици пресен лимонов сок

1 чаена лъжичка сол

15 оборота на мелница за черен пипер

1 чаена лъжичка лют червен пипер

4 супени лъжици наситнен плосък магданоз

1 белтък, разбит

Загрейте фурната до 350°.

Разточете тестото за пай с дебелина 1/8 инча. Трябва да имате достатъчно тесто за пет 5-инчови пая с двойна кора. За да получите правилния размер за долните кори, поставете една от тавите с главата надолу върху тестото и отрежете тестото на 1 инч от ръба на тавата. Горните кори трябва да бъдат отрязани на 5 инча за най-добро прилягане. Поставете долните кори във формичките за пай и дръжте горните кори на студено в хладилника.

В кухненски робот нарежете половината опашки на раци почти до смилане. Другите оставете цели.

Разтопете маслото в среден, тежък съд или голям тиган на среден огън. Добавете брашното и бъркайте непрекъснато, докато сместа стане светлокафява. Добавете лука и чушката и запържете за около 5 минути. Добавете чесъна и запържете още 1 минута. Добавете половин и половина, шери, лимонов сок, сол, черен пипер, кайен и магданоз и гответе за 5 минути. Добавете нарязаните и цели лангусти и гответе още 5 минути.

Напълнете всяка от готовите кори за пай с около 1 чаша пълнеж от раци. Покрийте с горните кори и подгънете краищата. Нарежете няколко прореза в горната кора и намажете с белтъка. Поставете пайовете върху бисквитени блатове и печете, докато плънката стане мехурчеста и корите станат златистокафяви, около 1 час.

36. Мръсен ориз

ПРАВИ 8-10 ПОРЦИИ

СЪСТАВКИ

3 чаши вода

1 1/2 чаши дългозърнест бял ориз

1/4 плюс 1 чаена лъжичка сол, разделени

2 супени лъжици растително масло

1 глава лук, наситнена

6 глави зелен лук, нарязани, белите и зелените части се отделят

1 зелена чушка, нарязана

2 стръка целина, нарязани

3 скилидки чесън, смлени

1 килограм телешка кайма

1 килограм пилешки дробчета, нарязани

1/2 чаена лъжичка прясно смлян черен пипер

1/2 чаена лъжичка кайенски пипер

1/3 чаша нарязан плосък магданоз

Оставете водата да заври в средно голяма тенджера. Добавете ориза и 1/4 чаена лъжичка сол. Намалете топлината до ниска, покрийте и гответе, докато цялата вода се абсорбира, около 20 минути.

В средно тежък съд загрейте олиото и задушете лука, белите части на зеления лук, чушката и целината, докато станат прозрачни. Добавете чесъна и задушете още минута. Добавете телешката кайма и кафявата, като разбърквате. Добавете пилешките дробчета и продължете да готвите и разбърквате, докато говеждото и дробчетата се сварят, около 10 минути. Добавете черен пипер и кайен, покрийте и оставете да къкри за 5 минути.

Разбъркайте върховете магданоз и зелен лук. Внимателно сгънете ориза. Сервирайте с лют сос Луизиана отстрани.

37. Яйца Сарду

ПРАВИ 4 ПОРЦИИ

СЪСТАВКИ

ЗА СОС ХОЛАНДЕЗ

2 големи жълтъка

1 1/2 супени лъжици пресен лимонов сок

2 пръчици несолено масло

Сол и прясно смлян черен пипер на вкус

ЗА ЯЙЦАТА

2 (9-унции) торби пресен спанак

1 супена лъжица зехтин

1 чаена лъжичка смлян чесън

1/3 чаша тежка сметана

Сол и прясно смлян черен пипер на вкус

8 прясно сварени или консервирани дъна от артишок

2 супени лъжици бял оцет

8 яйца

За да направите соса, поставете жълтъците и лимоновия сок в блендер. Пулсирайте няколко пъти, за да смесите.

Разтопете маслото в стъклена кана в микровълнова фурна, като внимавате да не заври. Постепенно изсипете маслото в яйчената смес и разбъркайте, докато се образува гъст, кремообразен сос. Подправете със сол и черен пипер.

За да направите яйцата, пригответе спанака, като го задушите в зехтин в тенджера, като го разбърквате, само докато повяхне и все още е ярко зелен. Разбъркайте сметаната, подправете със сол и черен пипер и оставете на топло.

Загрейте дъното на артишока и го дръжте на топло.

Напълнете тиган или плитък съд с 2 1/2 инча вода. Добавете оцета и загрейте на средна температура.

Едно по едно счупете 4 от яйцата в малка чаша и внимателно ги изсипете във водата. Яйцата се задушават, докато излязат от течността, след което се обръщат с лъжица. Гответе, докато белтъците стегнат, но жълтъците все още са течни. Извадете с решетъчна лъжица и подсушете с хартиени кърпи. Повторете с останалите яйца.

Сложете по една порция спанак на всяка от 4 чинии. Поставете 2 дъна от артишок върху всяка чиния върху спанака и поставете по едно яйце върху всеки артишок. Залейте с лъжица холандския сос върху всичко и сервирайте веднага.

38. Грит и скара

ПРАВИ 6 ПОРЦИИ

СЪСТАВКИ

1 (3-килограмова) телешка или телешка кръгла пържола, начукана на дебелина около 1/4 инча

Сол и прясно смлян черен пипер на вкус

1 чаша универсално брашно

3/4 чаша растително масло, разделено

1 голяма глава лук, нарязана

1 зелена чушка, нарязана

1 връзка зелен лук, нарязан, зелените и белите части разделени

3 скилидки чесън, смлени

1 голям домат, нарязан

1 супена лъжица доматено пюре

1/2 чаша червено вино

3 чаши вода

1 чаена лъжичка червен винен оцет

1/2 чаена лъжичка сушена мащерка

1 супена лъжица сос Worcestershire

Сол, прясно смлян черен пипер и креолска подправка на вкус

3 супени лъжици наситнен плосък магданоз

Зърна за сервиране на 6, приготвени според **УКАЗАНИЯТА НА ОПАКОВКАТА**

Нарежете говеждото на грубо 2 x 3-инчови парчета. Овкусете обилно двете страни със сол и черен пипер.

Загрейте 1/4 чаша олио в голям, тежък тиган и поставете брашното в плитка купа или чиния. Потопете всяко парче пържола в брашното, отърсете излишното и запържете от двете страни. Прехвърлете месото върху хартиени кърпи.

Добавете останалото масло в тигана и задушете лука, белите части на зеления лук, чушката и чесъна, докато станат прозрачни. Добавете домата, доматеното пюре, виното, водата, оцета, мащерката, сосa Worcestershire и месото и подправете със сол, черен пипер и креолски подправки. Оставете да заври. Намалете топлината, покрийте и оставете да къкри, докато месото омекне, около 1 1/2 час. Добавете върховете магданоз и зелен лук и сервирайте върху гриста.

39. Пайове с месо Natchitoches

ПРАВИ ОКОЛО 24

СЪСТАВКИ

2 супени лъжици растително масло

1 голяма глава лук, нарязана

6 глави зелен лук, нарязан

1 зелена чушка, нарязана

3 скилидки чесън, смлени

1 килограм телешка кайма

1 килограм смляно свинско месо

1 чаена лъжичка креолска подправка

1/2 чаена лъжичка сол

1/2 чаена лъжичка прясно смлян черен пипер

1/4 чаена лъжичка кайенски пипер

1/4 чаша универсално брашно

1 пакет (2 кори) охладени блатове

2 белтъка, разбити

В голям, тежък тиган загрейте олиото. Добавете зеленчуците и ги задушете, докато станат прозрачни. Добавете месото и гответе, като разбърквате от време на време, на силен огън за няколко минути. Намалете котлона и продължете да готвите, като нарязвате месото с лъжица, докато се запече напълно. Добавете подправките и брашното и продължете да готвите 10 минути. Свалете от котлона. Пълнежът може да се направи предварително и да се охлади, докато сте готови да го използвате.

Когато сте готови да направите пайовете, загрейте фурната до 350°. Напръскайте 2 бисквитени листа с незалепващ спрей за готвене.

Поставете охладените кори за блат върху равна повърхност и ги разточете малко по-тънко. С помощта на средна форма за бисквити изрежете кръгове. Поставете по една супена лъжица от плънката върху едната половина на всяко кръгче, оставяйки ръбовете свободни. Това ще бъде дъното на пая. Напълнете малка купа с вода. Потопете пръст във водата и намокрете ръба на долната половина на тестото и прегънете горната част, за да образувате обръщане. Запечатайте ръбовете заедно със зъбците на вилица и поставете пайовете на около 1 инч един от друг върху подготвените бисквитени листове.

Намажете пайовете с белтък и направете няколко малки прореза в горната част на всеки пай. Пече се до зачервяване.

40. Гъмбо от стриди и артишок

ПРАВИ 6-8 ПОРЦИИ

СЪСТАВКИ

3 дузини олющени стриди с техния алкохол, плюс допълнително алкохол, ако има такъв

1 парче масло

1/2 чаша универсално брашно

1 голяма глава лук, нарязана

6 глави зелен лук, нарязани, белите и зелените части се отделят

2 стръка целина, нарязани

4 големи скилидки чесън, смлени

6 чаши ликьор от стриди и бульон от морски дарове (или, в краен случай, пилешки бульон)

1 (14-унция) консерва нарязани на четвъртинки сърца от артишок, отцедени и нарязани на хапки

1/4 чаена лъжичка кайенски пипер

1 чаена лъжичка креолска подправка

1/2 чаена лъжичка целина сол

1 чаена лъжичка сос Worcestershire

Сол и прясно смлян черен пипер на вкус

1 чаша половин и половина

2 супени лъжици наситнен плосък магданоз

Прецедете стридите и оставете ликьора. Проверете стридите за фрагменти от черупки и ги оставете настрана.

В тежка тенджера разтопете маслото на слаб огън и добавете брашното, като бъркате непрекъснато, докато стане гъсто и току-що започне да става кафяво (русо русо). Добавете лука, белите части на зеления лук и целината и задушете, докато омекнат. Добавете чесъна и запържете още една минута.

Добавете ликьора от стриди, бульона, артишока, лютия червен пипер, креолската подправка, солта от целина и соса Worcestershire и подправете със сол и черен пипер (започнете с малко количество сол, тъй като стридите може да са солени). Покрийте и оставете да къкри за 10 минути. Добавете половината, оставете почти да заври и добавете стридите. Намалете котлона и оставете да къкри няколко минути или докато стридите се накъдрят. Изключете котлона и разбъркайте върховете зелен лук и магданоза. Коригирайте подправките преди сервиране.

41. Дресинг за стриди

ПРАВИ 8-10 ПОРЦИИ

СЪСТАВКИ

1 ден френски хляб, накъсан на хапки

3 дузини обелени стриди, прецедени и запазен алкохол

Ликьор от стриди плюс достатъчно пилешки или пуешки бульон за приготвяне на 2 чаши

1 парче масло

1 глава лук, наситнена

1 връзка зелен лук, нарязан

3 стръка целина, нарязани

3 скилидки чесън, смлени

3 супени лъжици наситнен плосък магданоз

1/2 чаена лъжичка сол или на вкус

12 оборота на мелница за черен пипер

1/2 чаена лъжичка кайенски пипер или на вкус

1 чаена лъжичка смлян градински чай

2 яйца, разбити

Поставете хляба в голяма купа, покрийте с бульона и оставете да кисне за 1 час. Проверете стридите и отстранете всички фрагменти от черупката.

Загрейте фурната до 350°. Разтопете маслото в тиган и задушете лука и целината, докато станат прозрачни. Добавете чесъна и задушете още минута. Добавете зеленчуците към хляба, заедно с магданоза, подправките и яйцата. Смесете добре.

Разстелете дресинга в тава за печене 11 × 13 инча или 2 по-малки и печете, докато бухне и златисто кафяво отгоре, около 45 минути.

42. Пай със стриди

ПРАВИ 6 ПОРЦИИ

СЪСТАВКИ

2 дузини големи или 3 дузини малки олющени стриди с техния ликьор

1 чаша нарязани пресни гъби

1 супена лъжица масло

4 супени лъжици растително масло

4 супени лъжици универсално брашно

6 глави зелен лук, нарязани, белите и зелените части се отделят

1/2 зелена чушка, нарязана

1 стрък целина, нарязан

2 големи скилидки чесън, смлени

1/4 чаша наденица andouille или пушена шунка, нарязана на 1/4-инчови парчета

1 чаена лъжичка креолска подправка

1 чаена лъжичка сос Worcestershire

2 щипки сос Табаско

2 супени лъжици наситнен плосък магданоз

Сол и прясно смлян черен пипер на вкус

2 кори, домашни или купени, охладени

1 белтък, разбит

Прецедете стридите и изсипете алкохола в голяма мерителна чаша; добавете достатъчно вода, за да направите 1 чаша. Проверете стридите за фрагменти от черупки и ги оставете настрана.

Загрейте маслото в малък тиган и запържете гъбите, докато омекнат. Заделени.

В голям тиган или среден съд загрейте олиото на висока температура; добавете брашното и бъркайте непрекъснато, докато сместа започне да покафенява. Намалете котлона до среден и гответе, като бъркате непрекъснато, докато сместа стане с цвета на млечен шоколад. Добавете лука, белите части на зеления лук, чушката и целината и гответе, докато омекнат. Добавете чесъна и гответе още минута. Добавете ликьор от стриди, наденица или шунка, креолска подправка, сос Уорчестър и сос Табаско. Покрийте, намалете котлона и гответе за 15 минути.

Увеличете котлона до средно силен и добавете гъбите и стридите. Гответе, докато стридите се извият, около 4 минути. Изключете котлона и разбъркайте върховете зелен лук и магданоза. Подправете със сол и черен пипер. Готино.

Загрейте фурната до 350°. Поставете една от корите в чинията за пай. Добавете сместа от стриди и покрийте с горната кора, като загънете краищата. Нарежете няколко прореза в горната кора, за да излезе парата, и намажете корага с белтъка. Печете 45 минути или докато сладкишът покафенее.

43. Oyster Rockefeller Gumbo

ПРАВИ 6 ПОРЦИИ

СЪСТАВКИ

1 литър олющени стриди с техния алкохол или 3 дузини стриди с 3-5 чаши алкохол

1 парче масло

1/2 чаша универсално брашно

1 връзка зелен лук, нарязан

1/2 чаша нарязана зелена чушка

1/2 чаша нарязана целина

1 чаена лъжичка смлян чесън

1 (10-унция) кутия замразен нарязан спанак, размразен

1/4 чаша нарязан пресен сладък босилек

5 чаши ликьор от стриди и/или бульон от морски дарове

2 супени лъжици Herbsaint или Pernod

1/2 чаена лъжичка креолска подправка

Сос Табаско, на вкус

2 супени лъжици сос Worcestershire

Бял пипер, на вкус

1/2 чаша нарязан плосък лист магданоз

1 чаша половин и половина

Сол на вкус

Прецедете стридите, като запазите ликьора. Проверете стридите и изхвърлете черупките. Заделени.

Разтопете маслото в голям, тежък съд. Добавете брашното и бъркайте непрекъснато на среден огън, за да направите руса ру. Добавете лука, чушката и целината и задушете, докато стане прозрачен. Добавете чесъна, спанака и босилека и задушете още минута. Добавете постепенно ликьора от стриди и/или бульона от морски дарове и разбъркайте, докато се смесят добре. Добавете Herbsaint или Pernod, креолска подправка, сос Табаско и сос Worcestershire и подправете с черен пипер. Покрийте, намалете котлона до минимум и оставете да къкри за 15 минути.

Опитайте и коригирайте подправките. Добавете сол в този момент, ако е необходимо, в зависимост от това колко солени са стридите. Добавете магданоза, половин и половина и стридите и оставете да къкри, докато стридите се извият, минута или 2. Сервирайте с много горещ френски хляб.

44. Redfish Court Bouillon

ПРАВИ 4-6 ПОРЦИИ

СЪСТАВКИ

1 (3- до 4-килограмова) твърда риба с бяло месо, като морски костур или червен скобар

3 супени лъжици зехтин екстра върджин

1 среден лук, нарязан

3 глави зелен лук, нарязани

1/2 зелена чушка, нарязана

1 стрък целина, нарязан

3 скилидки чесън, смлени

1 голям домат, нарязан

1 (15-унция) консерва доматен сос

Сок от 1 лимон

1 супена лъжица сос Worcestershire

1/4 чаша червено вино

1/2 чаена лъжичка сушена мащерка или 2 чаени лъжички нарязана прясна

1/2 чаена лъжичка сух босилек или 2 чаени лъжички нарязан пресен

1/2 чаена лъжичка кайенски пипер

1 чаена лъжичка захар

Сол и прясно смлян черен пипер на вкус

2 супени лъжици наситнен плосък магданоз

Загрейте фурната до 350°. Отстранете всички останали люспи по рибата и изплакнете добре. Изсушете и поставете в голяма тава за печене с 2-инчови страни. Приберете в хладилник до готовност на соса.

Загрейте олиото в средно голяма тенджера и задушете лука, чушката, целината и чесъна, докато станат прозрачни. Добавете доматите, доматения сос, лимоновия сок, соса Worcestershire, виното, мащерката, босилека, лютия червен пипер и захарта и подправете със сол и черен пипер. Оставете да заври, намалете котлона до минимум и оставете да къкри, покрито, за 30 минути.

Добавете магданоза, опитайте и коригирайте подправките.

Разпределете част от соса на дъното на тава за печене. Поръсете рибата със сол и черен пипер отвсякъде и я сложете в тавата. Покрийте рибата със соса, като поставите малко в кухината на тялото. Печете непокрито за 30 минути или докато рибата е готова в центъра (с помощта на нож месото в най-дебелата част на рибата лесно ще се отдели от костта). Покрийте с фолио и оставете на топло до сервиране.

45. Червен боб и ориз

ПРАВИ 8-10 ПОРЦИИ

СЪСТАВКИ

1 килограм сух боб

2 супени лъжици растително масло

1 голяма глава лук, нарязана

1 връзка зелен лук, нарязан, белите и зелените части се отделят

1 зелена чушка, нарязана

2 стръка целина, нарязани

4 скилидки чесън, смлени

6 чаши вода

3 дафинови листа

1/2 чаена лъжичка сушена мащерка

1 чаена лъжичка креолска подправка

1 кост от шунка с малко шунка върху нея, за предпочитане, или 2 скакателни стави или 1/2 фунта парчета шунка

Сол и прясно смлян черен пипер на вкус

1 килограм пушен колбас, нарязан на кръгчета с дебелина 1/2 инча

2 супени лъжици нарязан плосък лист магданоз, плюс още за сервиране

Варен дългозърнест бял ориз, за сервиране

Поставете боба в голяма тенджера, покрийте с вода, накиснете за една нощ и отцедете.

В голяма, тежка тенджера загрейте олиото и задушете лука, белите части на зеления лук, чушката, целината и чесъна.

В голям тиган запържете надениците. Заделени.

Към тенджерата добавете боба, водата, дафиновите листа, мащерката, креолската подправка и шунката и оставете да заври. Намалете котлона, похлупете и оставете да къкри 2 часа, като разбърквате от време на време, като 30 минути преди края на готвенето добавете наденицата.

Отстранете дафиновите листа, разбъркайте с магданоза и сервирайте в купички с ориза. По желание поръсете купичките с още магданоз.

46. Скариди и Грит

ПРАВИ 6 ПОРЦИИ

СЪСТАВКИ

3 килограма големи скариди (около 15 до 20 на килограм), обелени и без жилки

5 супени лъжици масло, разделени

8 глави зелен лук, нарязан

5 големи скилидки чесън, смлени

Кора и сок от 1 лимон

1/3 чаша сухо бяло вино

1 супена лъжица сос Worcestershire

1 чаена лъжичка италианска подправка

Прясно смлян черен пипер, на вкус

1/2 чаена лъжичка плюс 1/4 чаена лъжичка сол, разделени

1 чаена лъжичка креолска подправка

2 супени лъжици наситнен плосък магданоз

1 чаша бърз гриз

4 1/4 чаши вода

1/4 чаша прясно настърган пармезан

Разтопете 4 супени лъжици масло в голям, тежък тиган на среден огън. Добавете лука и чесъна и задушете, докато омекнат. Добавете скаридите и ги задушете, като разбърквате, за няколко минути, докато порозовеят. Добавете лимоновата кора и сока, виното, соса Worcestershire, италианската подправка, черния пипер, креолската подправка и 1/2 чаена лъжичка сол и оставете да къкри за около 3 минути. Не преварявайте скаридите. Сваля се от котлона и се поръсва с магданоз.

За да сготвите зърната, оставете водата да заври в голяма тенджера и добавете зърната на постоянна струя, докато разбърквате. Добавете останалата сол. Покрийте, намалете котлона и оставете да къкри за около 10 минути. Свалете от котлона и разбъркайте пармезана и останалото масло. Сервирайте скаридите върху гриста в чинии или в купички.

47. Ремулад от скариди

ПРАВИ 6-8 ПОРЦИИ

СЪСТАВКИ

1/2 чаша нарязан зелен лук

1/2 чаша нарязана целина

1/4 чаша нарязан плосък лист магданоз

2 скилидки чесън, смлени

1/2 чаша пресен хрян (намира се в хладилните части на хранителните магазини)

1/2 чаша кетчуп

3/4 чаша креолска горчица

2 супени лъжици сос Worcestershire

3 супени лъжици пресен лимонов сок

1/8 чаена лъжичка кайенски пипер

Сол, прясно смлян черен пипер и кайенски пипер на вкус

3 килограма големи обелени и изчистени скариди

Настъргана маруля, около 4 чаши

В купа смесете всички съставки с изключение на скаридите и марулята и разбъркайте добре. Опитайте и коригирайте подправките.

Няколко часа преди сервиране поставете скаридите в голяма купа. Постепенно разбърквайте соса, докато стане по ваш вкус. Някои може да предпочетат целия дресинг, а други по-малко. Сервирайте върху настъргана маруля.

48. Желе от пипер

ПРАВИ 8-10 МАЛКИ БУРКАНА

СЪСТАВКИ

6-8 големи чушки халапеньо, смлени, до получаване на 1/2 чаша

1/3 чаша смлени зелени чушки

6 1/2 чаши захар

1 1/2 чаши червен винен оцет

1 (6-унция) бутилка Certo или 2 (3-унции) опаковки

6 капки червен или зелен хранителен оцветител

Отстранете дръжките и семките от чушките и ги нарежете на ситно или обработете в кухненски робот. Комбинирайте всички съставки с изключение на Certo в средна тенджера и разбъркайте добре. Оставете да заври и оставете да ври 2-3 минути, като разбърквате често. Свалете от огъня и разбъркайте Certo. Насипете в стерилизирани буркани за желе и затворете.

Сервирайте върху крема сирене за намазване върху крекери.

49. Пълнени мирлитони

ПРАВИ 6-8 ПОРЦИИ (1-2 ПОЛОВИНКИ МИРЛИТОН НА ПОРЦИЯ)

СЪСТАВКИ

6 милитона

7 супени лъжици масло, разделени

1 среден лук, нарязан

1 връзка (6-8) зелен лук, нарязан, белите и зелените части разделени

2 стръка целина, нарязани

4 скилидки чесън, смлени

1 чаена лъжичка италианска подправка

1 чаена лъжичка сос Табаско

1 супена лъжица пресен лимонов сок

Сол и прясно смлян черен пипер на вкус

2 паунда средни скариди, обелени и без жилки, или 1 паунд обелени замразени скариди, размразени

1 паунд бучка месо от раци

1 1/4 чаши италиански галета, разделени

В голяма тенджера сварете мирлитоните цели, докато омекнат, когато се набучат с вилица, около 1 час. Отцедете и охладете.

Междувременно разтопете 4 супени лъжици масло в голям тиган. Добавете лука, белите части на зеления лук и целината и задушете до прозрачност. Добавете чесъна и задушете още минута. Добавете подправките и лимоновия сок и отстранете от огъня.

Разрежете мирлитоните наполовина по дължина и отстранете семките. Издълбайте месестата част, оставяйки черупка с дебелина около 1/4 инча. Добавете плътта на мирлитон в тигана и оставете да къкри за около 5 минути. Разбъркайте скаридите и върховете зелен лук и гответе, като разбърквате, докато скаридите порозовеят. Смесете 1/2 чаша италиански галета и месо от раци, като разбърквате внимателно, така че месото от раци да остане на парчета.

Постелете намазнена тава за печене с черупки мирлитон. Напълнете черупките със сместа от морски дарове и всяка поръсете с 1 супена лъжица от останалите трохи. Нарежете останалото масло на малки парчета и поставете върховете на мирлитоните.

Печете до кафяво отгоре, около 30 минути. Или кафяво под бройлера през последните няколко минути на готвене. Сервирайте веднага.

50. Костенурка Гъмбо

ПРАВИ 6 ПОРЦИИ КАТО ПРЕДЯСТИЕ, 12 ПОРЦИИ КАТО ПРЕДЯСТИЕ

СЪСТАВКИ

2 килограма месо от костенурка без кости, нарязано на 1-инчови парчета

Сол и прясно смлян черен пипер на вкус

10 супени лъжици масло, разделени

5 чаши вода

2 средни глави лук

2 зелени чушки

3 стръка целина

6 големи скилидки чесън

1/2 чаша универсално брашно

1 1/2 чаши доматен сос

1 чаена лъжичка креолска подправка

1/2 чаена лъжичка сушена мащерка

1/2 чаена лъжичка италианска подправка

3 дафинови листа

1/2 чаена лъжичка сол

1/2 чаена лъжичка прясно смлян черен пипер

2 супени лъжици сос Worcestershire

1/2 чаена лъжичка сос Табаско

Сок от 1 лимон

1/2 чаша качествено шери, плюс допълнително за сервиране

4 чаши нарязан спанак

3 супени лъжици наситнен плосък магданоз

4 твърдо сварени яйца, нарязани

Месото се поръсва леко със сол и черен пипер.

Загрейте 2 супени лъжици масло в голяма, тежка тенджера и на части запържете месото от всички страни, като извадите една порция в чиния, за да покафенее следващата.

Върнете цялото месо в тенджерата, покрийте с водата и оставете да заври. Намалете котлона до минимум, покрийте и оставете да къкри за около 1 час или докато месото омекне на вилицата. Извадете месото в чинията и прецедете и запазете бульона.

Когато месото е достатъчно охладено, за да го обработите, го накъсайте с пръсти и го нарежете на фини кубчета. Може да искате да направите това в кухненския робот. Заделени.

В кухненски робот нарежете на ситно лука, чушката, целината и чесъна. Заделени.

Изплакнете и подсушете същия съд, който сте използвали за готвене на месото от костенурка. Разтопете останалото масло в съда на слаб огън; добавете брашното и гответе, като бъркате непрекъснато, за да направите руф с цвета на млечен шоколад, около 10 минути. Добавете нарязаните зеленчуци и гответе до пълно увяхване. Добавете доматения сос и гответе около 5 минути. Добавете бульона, креолска подправка, мащерка, италианска подправка, дафинови листа, сол, черен пипер, сос Worcestershire, сос Tabasco и лимонов сок. Гответе, покрито, на средно слаб огън за 30 минути.

Добавете шерито, спанака и магданоза и гответе още 10 минути. Извадете дафиновите листа и разбъркайте яйцата.

Сервирайте в купички и добавете допълнително шери.

51. Ориз и боб с пържени яйца

Порции: 4

СЪСТАВКИ

3/4 чаша дългозърнест бял ориз

Кошерна сол

2 супени лъжици рапично масло

1 малка глава жълт лук, нарязана на малки кубчета

1/2 средно голяма червена чушка, почистена и нарязана на кубчета

2 големи скилидки чесън, смлени

1/2 чаена лъжичка смлян кимион

1/4 чаша консервиран доматен сос

Консерва от 15 унции пинто боб, отцедена и изплакната

3 супени лъжици салса лизано

Прясно смлян черен пипер

8 големи яйца

2 супени лъжици нарязан пресен кориандър

УПЪТВАНИЯ

Сложете ориза, голяма щипка сол и 1-1/2 чаши вода в 3-литрова тенджера. Оставете да заври на средно силен огън, намалете котлона до слаб, покрийте и гответе, докато оризът поеме водата и омекне около 15 минути. Свалете от котлона и оставете настрана с капак.

Междувременно загрейте 1 супена лъжица масло в тенджера от 4 литра на среден огън. Добавете лука, чушката, чесъна и щипка сол; гответе, като разбърквате от време на време, докато омекнат, около 3 минути. Добавете кимиона и гответе, докато се появи аромат, около 30 секунди. Добавете доматения сос и разбъркайте за 1 минута.

Добавете боба и 1 чаша вода и оставете да къкри, докато течността се намали до нивото на боба, около 4 минути.

Добавете ориза към боба и разбъркайте добре. Разбъркайте Salsa Lizano и подправете на вкус със сол и черен пипер. Поддържай топло.

Загрейте останалата 1 супена лъжица олио в 12-инчов тиган с незалепващо покритие на среден огън, като завъртите тигана, за да се покрие равномерно. Чукнете внимателно яйцата в тигана. Подправете със сол и черен пипер, покрийте и гответе, докато краищата на жълтъците започнат да стегнат, 2 до 3 минути. Разделете яйцата с ръба на шпатула.

За да сервирате, сложете една голяма лъжица от ориза и боба в чиния и плъзнете 2 яйца отгоре. Поръсете с кориандър.

Сервирайте с хикама, салата от авокадо, репички и портокал с кориандър или обикновена зелена салата.

52. Запеканка за закуска Huevos Rancheros

Порции: 8

Време ЗА РЕМОНТ : 25 минути

Време за приготвяне: 1 час

СЪСТАВКИ

1 пакет пинто боб и смес от дългозърнест ориз

2 супени лъжици несолено масло

2 супени лъжици растително или рапично масло, или колкото е необходимо

12 царевични тортили

Кутия от 15 унции сос енчилада

½ чаена лъжичка смлян кимион

½ чаена лъжичка чесън на прах

½ чаена лъжичка чили на прах

2 чаши настърган чедър или мексиканско сирене

8 големи яйца

Кошерна сол и прясно смлян черен пипер на вкус

Да служа:

1 чаша салса

1 авокадо, нарязано на ситно

$\frac{1}{2}$ чаша заквасена сметана

4 лука, подрязани и нарязани

$\frac{1}{2}$ чаша листа кориандър

УПЪТВАНИЯ

Загрейте фурната до 425°F. Намажете тава за печене с размери 13 x 9 инча или напръскайте с незалепващ спрей за готвене. Поставете сместа от боб и ориз в средно голяма тенджера с 2 $\frac{1}{2}$ чаши вода и маслото.

Оставете да къкри на средно силен огън, след това леко намалете котлона, покрийте и оставете да къкри за около 20 до 25 минути, докато оризът омекне, като разбърквате от време на време. Свалете от огъня и оставете да престои 5 минути. Отстранете капака и размахайте с вилица и оставете настрана.

Докато оризът и бобът се варят, пригответе тортилите. Поставете хартиени кърпи върху работна повърхност. Загрейте 1 чаена лъжичка олио в тиган на средно силен огън и гответе тортилите една по една за около 1 до 2 минути от всяка страна или докато станат хрупкави и покафенеят на петна.

След като се сварят ги прехвърлете върху хартиени кърпи. Добавете още масло, 1 чаена лъжичка наведнъж, ако е необходимо, докато всички тортили се сварят.

Комбинирайте соса енчилада с кимиона, чесъна на прах и чилито на прах. Наредете половината тортили на дъното на подготвената тава, като ги застъпвате, за да покриете дъното на тавата. Полейте половината от соса енчилада, след което поръсете половината от сиренето. Разпределете сместа от боб и ориз върху сиренето. Повторете наслояването на тортилите, соса енчилада и сиренето.

Използвайте лъжица и пръсти, за да направите 8 равномерно разположени малки ямки в горната част на гювеча, като пробиете дупки през горния слой тортила, така че яйцата да имат достатъчно място да потънат във вдлъбнатините си. Използвайте лъжицата и пръстите си, за да създадете тези ямки, като ги направите около 1 инч дълбоки. Чукнете внимателно яйцата в ямките и ги овкусете със сол и черен пипер.

Печете, докато белтъците на яйцата се стегнат, но жълтъците са все още рохкави и течни около 25 минути.

Сервирайте яйцата със салса, авокадо, заквасена сметана, лук и листа кориандър. Можете да разпределите всичко върху горната част на изпечения гювеч или да отделите отделни порции с лъжица и да оставите всеки да напълни чинията си както желае.

53. Купа бурито за закуска с манго и боб

Време за приготвяне : 15 минути

Време за готвене : 45 минути

Порции: 4

СЪСТАВКИ

1 партида дългозърнест зелен ориз, сварен

15-унция консерва пинто боб, изплакната и отцедена

2 зрели манго, нарязани на кубчета

1 авокадо, нарязано на кубчета или филийки

1 червена чушка, нарязана на кубчета

1 чаша царевица, на скара, сурова или сотирана

$\frac{1}{2}$ чаша кориандър, нарязан на кубчета

$\frac{1}{4}$ чаша нарязан на кубчета червен лук

1 халапеньо, нарязано

Превръзки:

Jalapeño кориандър манго

Кориандър лайм

Халапеньо сос от кашу

УПЪТВАНИЯ

Когато сте готови, разпределете ориза между четири купи, след това разпределете боб, манго, авокадо, червен пипер, царевица, кориандър, червен лук и резенчета халапеньо равномерно между купите.

Сервирайте с резени лайм.

54. Пълнени чушки за бавно готвене

Общо време : 60 минути

Порции: 4

СЪСТАВКИ

2 супени лъжици масло от авокадо

1 глава сладък лук, нарязан на кубчета

2 целина, нарязани

4 скилидки чесън, смлени

1 супена лъжица чили на прах

2 супени лъжици кимион

1 1/2 чаена лъжичка сух риган

2 чаши дългозърнест бял ориз, сварен и охладен

1 чаша замразени царевични зърна

1 домат, нарязан на кубчета

1 консерва пинто боб, изплакната и отцедена

1 chipotle пипер в adobo

сол

5 чушки

1 консерва сос енчилада

сирене от черен пипер, настъргано

УПЪТВАНИЯ

Загрейте олио в голям тиган на средно висока температура. Добавете лука и целината и гответе, като разбърквате често, за около 5 минути. Добавете чесъна и гответе около 30 секунди и отстранете от огъня.

Добавете подправките и разбъркайте добре. В голяма купа добавете ориза, боба, царевицата, домата, чушката, 1/4 чаша сос енчилада и сместа от лук. Разбъркайте добре и подправете със сол и черен пипер.

Нарежете върховете на чушките и отстранете семките и ребрата. Напълнете с оризовата смес, като натъпчете леко. Напълних моя до половината, добавих малко количество сирене и след това приключих с пълненето. Все още не слагайте сирене отгоре. Поставете пълнените чушки в уреда за бавно готвене.

Добавете около 1/2 инча вода към глината, като внимавате да не попадне вода в чушките. Гответе на ниска температура около 4 часа. Около 15 минути преди да са готови добавете слой сирене към всяка чушка и оставете да се готви.

Сервирайте чушките с останалия сос енчилада и допълнително сирене по желание. Наслади се!

55. Смесен дип от боб и ориз

Порции: 10 до 12

СЪСТАВКИ

За потапянето:

15-унция консерва пинто боб, изплакната и отцедена

15-унция кутия черен боб, изплакната и отцедена

15-унция кутия морски боб, изплакната и отцедена

1 чаша варен бял ориз

1 чаша нарязани на кубчета домати

1/2 чаша нарязан на кубчета лук

3 чаши настърган бленд Чедър-Монтерей Джак

2 супени лъжици ситно нарязано кисело халапеньо

1/2 чаена лъжичка смлян кимион

1/2 чаена лъжичка чесън на прах

1/8 чаена лъжичка кайенски пипер

Кошерна сол и прясно смлян черен пипер

За сервиране:

Тортила чипс

Сметана

Салса

УПЪТВАНИЯ

Загрейте фурната до 400°.

В голяма купа смесете боба, ориза, домата, лука, 2 чаши сирене, халапеньо и подправки. Подправете обилно с кошер сол и черен пипер.

Изсипете в намазнен 10-инчов чугунен тиган или кръгла форма за печене. Покрийте с алуминиево фолио и гответе за 30 минути.

Извадете от фурната и отстранете алуминиевото фолио. Поръсете останалата 1 чаша сирене отгоре и продължете да печете, докато сиренето се разтопи, още около 5 - 10 минути.

Сервирайте топло с тортила чипс, заквасена сметана и салса.

56. Пинто боб и оризови топчета

Порции: 30

СЪСТАВКИ

1 консерва пинто боб, изплакната и отцедена

1 чаша варен дългозърнест бял ориз

1 яйце

1/4 чаена лъжичка кошер сол повече на вкус

1/4 чаена лъжичка кимион

още щипка кайен на вкус

1-2 супени лъжици зехтин

Опушен сос за потапяне Chipotle

УПЪТВАНИЯ

Поставете изплакнатия боб в голяма купа за смесване. Пасирайте с преса за картофи, докато образуват паста. Добавете ориза, кимиона и кайена. Разбъркайте, за да се комбинират и овкусете.

Добавете яйцето и разбъркайте добре с ръце или голяма лъжица.

Използвайте малка лъжица или лъжица, за да оформите топчетата и след това внимателно ги закръглете с върха на пръстите си. Оформете всички топки и ги поставете върху голяма чиния или дъска за рязане. В голям тиган на средно силен огън загрейте около една супена лъжица масло. Изпечете топчетата в тиган, докато леко покафенеят от всяка страна. Това отне няколко минути от всяка страна, обръщайки ги 2-3 пъти всяка.

Ако не сте запознати с готвенето на неща на партиди, ето съвет.

Започнете да поставяте оризовите си топки в тигана, от външния ръб, до дръжката. Обиколете тигана по посока на часовниковата стрелка и след това запълнете средата.

След като топките се запекат, ги извадете от тигана и ги поставете върху чиста чиния. Палатка хлабаво с фолио, за да се стопли. Изпечете останалата половина топчета и сервирайте топли. Наслади се!

57. Дълбоко пържен боб, ориз и топчета от колбаси

СЪСТАВКИ :

1 чаша варен дългозърнест ориз

1 чаша пинто боб, сварен до кремообразна консистенция

4 тънко нарязани глави зелен лук

4 супени лъжици ситно нарязан колбас

1 чаша плюс 2 супени лъжици сушени галета общо

2 чаени лъжички лют сос - по ваш избор

Общо 2 яйца

1 чаша универсално брашно

1/2 чаша мляко

олио за дълбоко пържене

Креолски сос за потапяне:

1 част майонеза

1 част креолска горчица

НАСОКИ :

Смесете ориза, боба, лука, колбаса и 2 супени лъжици галета. Поръсете горещ сос, след това разбъркайте едно яйце, за да оформите стегнато тесто.

Разбийте млякото и останалото яйце, за да направите измиване на яйца.

Оформете малки топчета от сместа от боб, ориз и наденица. Оваляйте в брашно, намажете с яйчен блат и оваляйте в останалите галета.

Загрейте олиото до 360 градуса F и пържете до златисто кафяво. Отцедете върху хартиени кърпи и сервирайте веднага с креолски сос за потапяне или любимия ви сос за потапяне.

Креолски сос за потапяне: Смесете една част майонеза с една част креолска горчица и сервирайте с боба и оризовите топчета.

58. Дългозърнест ориз и пинто боб

Време ЗА РЕМОНТ : 30 минути

Време за готвене: 10 до 30 минути

Порции: 4

СЪСТАВКИ

50 ml/2 течни унции. растително масло

1 глава лук, нарязана на ситно

300 ml/10½ oz. дългозърнест ориз

400 ml/14½ oz. вода

400 ml/14½ oz. кокосово мляко

400g/14¼oz Консервирани пинто бобчета, изплакнати и отцедени

3 супени лъжици прясна мащерка

сол и прясно смлян черен пипер

пресен кориандър, за гарниране

УПЪТВАНИЯ

Загрейте олиото в тиган и запържете лука, докато стане прозрачен.

Добавете ориза, разбъркайте добре и добавете водата и кокосовото мляко. Оставете да заври.

Добавете пинто боба и мащерката, оставете да къкри и покрийте за около 20 минути, докато оризът се свари. Подправете със сол и прясно смлян черен пипер.

Сервирайте гарнирано с кориандър.

59. Пиле лайм с дългозърнест ориз, изпържен на яйца

Време ЗА РЕМОНТ : 30 минути

Време за готвене: 10 до 30 минути

Порции: 2

СЪСТАВКИ

За Пилето

2 пилешки гърди без кожа

2 супени лъжици сусамово масло

2 супени лъжици растително масло

2 супени лъжици соев сос

2 скилидки чесън, нарязани на ситно

½ лимон, настъргана кора и сок

сол и прясно смлян черен пипер

1 супена лъжица бистър мед

За Райс

2 супени лъжици фъстъчено масло

2-3 чаени лъжички сусамово масло

2 яйца от свободни кокошки, леко разбити

пръски соев сос

2 глави зелен лук, нарязани на ситно

50 г/2 унции пинто боб, сварен

150g/5oz дългозърнест ориз, варен

сол и прясно смлян черен пипер

3-4 супени лъжици нарязан кориандър

резенчета лайм, за сервиране

УПЪТВАНИЯ

За да станат пеперуда, пилешките гърди ги поставете върху дъска и използвайте остър нож, за да направите разрез, успореден на дъската за рязане, три четвърти от дължината на всяка гърда.

Отворете всяка пилешка гърда навън, така че да имате две големи, по-тънки пилешки гърди.

Поставете ги в купа с една супена лъжица сусамово масло, растително масло, соев сос, чесън, лимонова кора и сок.

Подправете със сол и прясно смлян черен пипер и разбъркайте, за да се комбинират. В отделна купа смесете меда с останалото сусамово масло.

Загрейте тиган на средно силен огън до пушенето, след което поставете пилето върху скарата и гответе за 2-3 минути от всяка страна, като го намажете веднъж или два пъти със сместа от мед и сусам.

Когато е готово, пилето трябва да бъде изпечено на овъгли отвън и напълно изпечено. Оставете да почине 2-3 минути.

Междувременно, за ориза, загрейте уок на силен огън, след което добавете фъстъците и една чаена лъжичка сусамово масло. Когато маслото започне да блести, добавете яйцата и гответе, като разбърквате през цялото време, за 1-2 минути или докато се разбъркат.

Избутайте яйцата отстрани на тигана и добавете още малко сусамово масло, соев сос, пресен лук и боб и гответе за една минута, след което добавете ориза и подправете със сол и прясно смлян черен пипер.

Гответе, като разбърквате непрекъснато, за 3-4 минути или докато се затопли. Разбъркайте кориандъра.

За сервиране разпределете ориза в чинии. Нарежете пилешкото месо по диагонал на тънки ивици и го наредете върху ориза. Отгоре сложете парче лайм.

60. Дългозърнест ориз Hoppin' John

Време ЗА РЕМОНТ : 30 минути

Време за приготвяне: от 30 минути до 1 час

Порции: 4

СЪСТАВКИ

2 супени лъжици растително масло

300g/10½oz варен и настърган бекон

1 зелена чушка, нарязана на ситно

1 червена чушка, нарязана на ситно

1 глава червен лук, нарязан на ситно

3 пръчки целина, нарязани на ситно

4 скилидки чесън, счукани

1 чаена лъжичка сушени люти чушки

2 дафинови листа

1 литър/1¾ пинта пилешки или зеленчуков бульон

400g/14oz консерва pinto боб, отцеден и изплакнат

225g/8oz дългозърнест ориз

2 супени лъжици креолска или универсална подправка

сол и прясно смлян черен пипер

Да служа

шепа листенца магданоз, нарязани на ситно

Връзка пресен лук, нарязан на ситно

УПЪТВАНИЯ

Загрейте олиото в голям тиган на среден огън.

Добавете бекона в тигана и го запържете до хрупкавост. Извадете с решетъчна лъжица и отцедете върху кухненска хартия.

Добавете лука, чушките, целината, чесъна, люспите чили, дафиновите листа, креолската подправка, солта и черния пипер в тигана и задушете на слаб до среден огън, докато омекнат.

Налейте бульона и оставете да заври.

Добавете ориза, боба и бекона и разбъркайте добре. Покрийте и оставете да къкри за 20 минути или докато оризът омекне и поеме по-голямата част от течността.

Разпределете в купи за сервиране, поръсете с магданоза и пресния лук и сервирайте.

61. Вдъхновени от Мексико пинто боб и ориз

Време за приготвяне: 25 минути

Време за приготвяне: 20 минути

Порции: 8

СЪСТАВКИ

1 супена лъжица пилешки бульон

3 супени лъжици доматена паста

1 ч.л смлени семена от кориандър

1 ч.л сол

$\frac{1}{2}$ чаени лъжички чесън на прах

$\frac{1}{4}$ чаени лъжички пипер

3$\frac{1}{2}$ чаши вода

2 чаши дългозърнест бял ориз, изплакнат с мрежеста цедка

1 червена чушка, почистена от дръжките, семена и нарязани на кубчета

$\frac{1}{4}$ чаша ситно нарязан червен лук

1 халапеньо, без дръжки, без семена и нарязани на ситно

2 супени лъжици ситно нарязан кориандър

Консерва от 15 унции пинто боб, отцедена и изплакната

УПЪТВАНИЯ

В тенджера добавете пилешка основа, доматено пюре, кориандър, сол, чесън на прах и черен пипер; разбийте, за да комбинирате.

Постепенно разбийте във вода, добавете ориза и разбъркайте, за да се комбинират. Поставете тенджера на средно силен огън и оставете да заври, като разбърквате от време на време.

Намалете топлината до средно ниска, покрийте. Продължете да готвите, докато течността се абсорбира, като разбърквате от време на време, около 12-15 минути. Свалете от котлона и оставете да престои покрито за няколко минути.

Поставете ориза в голяма купа и добавете чушка, лук, халапеньо и кориандър; разбъркайте, за да се комбинират.

Внимателно разбъркайте боба и сервирайте.

62. Пинто боб и ориз с кориандър

Време за приготвяне: 5 минути

Време за приготвяне: 25 минути

Порции 6

СЪСТАВКИ

За ориза:

1 чаша дългозърнест бял ориз

1 супена лъжица зехтин

8 унции консерва доматен сос

1 червена чушка без сърцевина, семена и четвъртинки

1 1/2 чаши пилешки бульон или зеленчуков бульон

3/4 чаена лъжичка кошер сол

1 чаена лъжичка чесън на прах

1/4 чаена лъжичка чили на прах

1/4 чаена лъжичка кимион

1/2 чаша нарязани на кубчета домати

2 супени лъжици нарязан кориандър за гарнитура

За боба:

15 унции консерва пинто боб, отцедена и изплакната

1/2 чаша пилешки бульон или зеленчуков бульон

1 супена лъжица доматено пюре

3/4 чаена лъжичка сол

3/4 чаена лъжичка чили на прах

1/2 чаша пико де гало за гарнитура

УПЪТВАНИЯ

За ориза:

Загрейте зехтина в тенджера от 2 литра на среден огън. Добавете ориза и разбъркайте, докато оризът се покрие с маслото. Гответе около 5 минути или докато оризът се препече и леко покафенее.

Добавете всички останали **СЪСТАВКИ** .

Върнете тенджерата на котлона и оставете съдържанието да заври.

Покрийте тенджерата и намалете топлината до ниска; гответе 17 минути.

Махнете тенджерата от котлона и я оставете да престои, покрита за 5 минути. Извадете и изхвърлете чушките. Разбъркайте добре. Гарнирайте с домати и зелен лук по желание.

За боба:

Поставете всички съставки в тиган на средно силен огън и оставете да къкри. Гответе 7-10 минути, докато сосът се сгъсти. Опитайте на вкус и добавете още сол или чили на прах, ако е необходимо. Можете също така да добавите малко повече пилешки бульон, ако сосът стане твърде гъст за вашия вкус. Гарнирайте с пико де гало по желание.

63. Испански пинто боб и ориз

Време за приготвяне 10 минути

Време за готвене 25 минути

Порции 2

СЪСТАВКИ

ЗА ОРИЗ

2 чаши зеленчуков бульон 475 мл

1 чаша дългозърнест ориз 190 грама

1/4 чаена лъжичка шафранови нишки 17 грама

щипка морска сол

черен пипер

ЗА БОБА

2 супени лъжици екстра върджин зехтин 30 мл

1 малка глава лук

4 скилидки чесън

1 морков

1 зелена чушка

1 чаена лъжичка сладък пушен испански червен пипер 2,30 гр

1/2 чаена лъжичка смлян кимион 1,25 гр

2 1/2 чаши консервиран боб пинто 400 грама

1 чаша зеленчуков бульон 240 мл

щипка морска сол

черен пипер

шепа ситно нарязан пресен магданоз

УПЪТВАНИЯ

Добавете 2 чаши зеленчуков бульон в тенджера, захванете 1/4 чаени лъжички шафранови нишки и подправете с морска сол и прясно смлян черен пипер, загрейте на висока температура

Междувременно добавете 1 чаша дългозърнест ориз в сито и изплакнете под студена течаща вода, докато водата стане бистра под ситото

След като бульонът заври, добавете ориза в тигана, разбъркайте го и поставете капак върху тигана, намалете до слаб до среден огън и оставете да къкри, докато оризът се свари.

Междувременно загрейте голям тиган на среден огън и добавете 2 супени лъжици зехтин екстра върджин, след 2 минути добавете 1 малка глава лук, нарязана на ситно, 1 зелена чушка, нарязана на ситно, 1 морков и 4 скилидки чесън, нарязани на ситно, смесете зеленчуците непрекъснато със зехтина

След 4 минути и зеленчуците са леко задушени, добавете 1 чаена лъжичка сладък пушен испански червен пипер и 1/2 чаени лъжички смлян кимион, разбъркайте бързо, след това добавете 2 1/2 чаши консервирани зърна пинто и внимателно подправете с морска сол и черен пипер разбъркайте, докато се смесят добре, след това добавете 1 чаша зеленчуков бульон и оставете да къкри на среден огън

След като оризът се свари, отстранете ориза от котлона, оставете го да престои 3 до 4 минути с капак, след това махнете капака и раздуйте ориза с вилица и го прехвърлете в чиниите за сервиране

Грабнете варящия боб и го добавете в чинията за сервиране при ориза, поръсете с прясно нарязан магданоз и се насладете!

64. Ориз и боб в една тенджера

Порции: 4 порции

Общо време: 30 минути

СЪСТАВКИ

2 супени лъжици зехтин

1 глава жълт лук, наситнен

1 $\frac{3}{4}$ чаши пилешки или зеленчуков бульон или вода

1 чаена лъжичка сол

1 чаша дългозърнест ориз

15,5-унция кутия пинто боб

Резенчета лайм или листа кориандър за гарнитура

УПЪТВАНИЯ

В голяма тенджера или холандска фурна с плътно затварящ се капак загрейте зехтина на среден огън. Добавете лука и задушете, докато стане прозрачен, около 3 минути. Добавете бульона, покрийте и оставете да заври.

Добавете солта, ориза и боба. Разбъркайте само за да се комбинират, след което покрийте.

Намалете котлона доколкото може, след което оставете да къкри, необезпокоявано, за 18 до 20 минути. Свалете от котлона и оставете да престои 4 минути, след което разбъркайте с вилица.

Подправете на вкус със сол и черен пипер, след което гарнирайте с лайм или кориандър по желание.

65. Южен пинто боб и ориз

Време за приготвяне : 5 минути

Време за готвене : 4 часа

Порции : 6 чаши

СЪСТАВКИ

1 lb. сушен боб Пинто

8 чаши вода или бульон

2 супени лъжици сол, за накисване за една нощ; трапезна сол

2 супени лъжици лук на прах или 1 чаша пресен, нарязан на кубчета лук

2 супени лъжици чесън на прах

2 чаши дългозърнест ориз, варен

1 пушена шунка

сол и черен пипер на вкус

УПЪТВАНИЯ

Поставете боба в голяма холандска фурна с лук и чесън на прах.

Гответе на слаб огън, без капак, за 3-4 часа или докато омекне; често проверявайте нивото на течността; добавете още, ако е необходимо; когато омекне, опитайте за подправки и коригирайте съответно

1 lb. сушен боб, 8 чаши вода или бульон, 2 супени лъжици лук на прах, 2 супени лъжици чесън на прах, 1 пушена шунка

66. Пинто боб и ориз и наденица

Време за приготвяне: 20 минути

Време за готвене: 105 минути

Порции: 6 порции

СЪСТАВКИ

1 килограм сух боб Пинто

6 чаши вода

1 шунка или месеста остатъчна кост от шунка

1 среден лук, нарязан

3 скилидки чесън, смлени

1 1/2 чаена лъжичка сол

1-килограмова пушена наденица andouille или подобна пушена наденица, нарязана на филийки

14,5-унция консерва домати, нарязани на кубчета

Кутия от 4 унции меки зелени люти чушки

1/2 чаена лъжичка червен пипер на люспи, натрошен

4 чаши варен бял ориз, дългозърнест или бърз грис, горещ сварен

УПЪТВАНИЯ

Предната вечер сложете пинто боба в голяма купа или тенджера и го покрийте с вода на дълбочина около 3 инча над боба. Оставете ги да престоят 8 часа или цяла нощ. Отцедете добре.

Комбинирайте накиснатия и отцеден боб с вода, шунка, лук и чесън в голяма тенджера или холандска фурна на висока температура; оставете да заври. Покрийте и намалете топлината до средна; гответе боба за 45 минути или докато омекне.

Добавете сол, нарязан колбас, домати, меки люти чушки и натрошен червен пипер, ако желаете. Покрийте, намалете котлона до минимум и оставете да къкри за 1 час, като разбърквате от време на време.

Отстранете скакателната част на шунката и отделете месото от костта. Настържете шунката с вилица или накълцайте. Върнете шунката при бобената смес.

Сервирайте пинто боба върху горещ сварен ориз.

67. Галопинто (никарагуански ориз и боб)

Време за приготвяне: 45 минути

Общо време : 24 часа

Порции: 8 порции

СЪСТАВКИ

За боба

1 (16-унция) торба сушени бобчета

Сол

7 скилидки чесън, обелени

За ориза

1/4 чаша растително масло, разделено

1 средно голяма глава жълт лук, нарязан на ситно

1 1/2 чаши дългозърнест бял ориз

3 чаши вода или пилешки бульон с ниско съдържание на натрий

1/2 зелена чушка, без сърцевина и семена

УПЪТВАНИЯ

За боба:

Разпределете боба върху тава за печене с ръбове. Извадете всякакви остатъци и счупени зърна. Прехвърлете боба в гевгир и го изплакнете под студена течаща вода. Поставете измития боб в голяма тенджера и го покрийте със студена вода; оставете да кисне 30 минути.

Оставете да заври на силен огън. Намалете топлината до средна и оставете боба да къкри за 30 минути. Изключете котлона, покрийте боба и оставете да почине за 1 час. Поставете боба отново да заври на силен огън. Добавете 2 чаени лъжички сол и чесън, намалете топлината до средна и оставете да къкри, докато бобът омекне 30 до 60 минути.

За ориза:

Загрейте 2 супени лъжици олио в голяма тенджера с дебело дъно на среден огън, докато започне да блести. Добавете 2/3 от лука и гответе, като разбърквате, докато омекне и стане полупрозрачен, около 5 минути.

Добавете ориза и гответе, като разбърквате, докато зърната станат блестящи и равномерно покрити с масло, 2 до 3 минути. Добавете вода или бульон и 1 1/2 чаени лъжички сол, увеличете топлината до висока степен и оставете да заври. Поставете черен пипер върху ориза.

Варете ориза, без да разбърквате, докато по-голямата част от течността се изпари и можете да видите малки мехурчета да се пукат по повърхността на ориза. Веднага намалете котлона до най-ниската степен, покрийте и гответе 15 минути.

Извадете и изхвърлете чушката. Напухнете ориза с пръчици или вилица, след това го оставете да изстине и охладете за 1 ден.

За галопинто:

Загрейте останалите 2 супени лъжици олио в голяма тенджера на средно висока температура, докато заблестят. Добавете оставалия лук и гответе, като разбърквате, докато омекне и стане прозрачен, около 5 минути.

Добавете ориз и 2 чаши боб в тиган и гответе, като разбърквате, докато оризът се покрие равномерно. Продължете да готвите, като разбърквате, за да позволите на вкусовете да се смесят и сместа да стане леко хрупкава, около 10 минути. Покрийте и гответе на слаб огън още 10 минути.

68. Сос от боб и домати върху ориз

Порции: 6 порции

СЪСТАВКИ

1 чаша пинто боб, накиснат

2 люти чушка Serrano, почистени от семена и нарязани

½ супена лъжица Джинджифил, настърган

по 1 бр дафинов лист

¼ чаена лъжичка Куркума

4 чаши вода

1⅓ чаша Наличност

¼ чаша Кориандър

Сол пипер

2 супени лъжици Пекани, нарязани и препечени

2 супени лъжици Зехтин

4 домата, нарязани на кубчета

1 ч.л Чили на прах

1 супена лъжица прясна майорана

1 ч.л кленов сироп

5 чаши вода

$1\frac{1}{2}$ чаши Дългозърнест ориз

2 моркова, настъргани

по 1 бр 3" пръчка канела

$\frac{1}{2}$ супена лъжица Зехтин

УПЪТВАНИЯ

Гответе боба за $1\frac{1}{2}$ до 2 часа, докато бобът омекне. Изхвърлете дафиновия лист и

СОС:

Комбинирайте отцеден боб, люти чушки, джинджифил, дафинов лист, куркума и вода в голяма тенджера.

Оставете да заври, намалете топлината, покрийте и гответе.

Поставете боба, бульона и кориандъра в кухненски робот и пулсирайте в буци сос. Подправете, добавете пекани и загрейте леко.

ДОМАТИ:

Комбинирайте домати, чили на прах, майорана и сироп в тиган за сотиране. Подправете със сол и черен пипер и запържете на умерен огън, докато доматът започне да се карамелизира, около 10 минути. Дръжте на топло на слаб огън.

Ориз:

Сварете вода и разбъркайте ориза, морковите и канелата. Гответе, докато оризът омекне, 10 до 12 минути, ако използвате бял ориз. Отцедете и изхвърлете канелата и изплакнете за кратко под течаща вода.

Върнете в тиган и намажете с олио.

За сервиране наредете с лъжица ориз върху топли чинии, залейте отгоре със сос от боб и поръсете с домати.

69. Cajun pinto боб

Порции: 8

СЪСТАВКИ

1 всяка Малка торбичка пинто боб, измита и подбрана

$\frac{1}{4}$ чаша брашно

$\frac{1}{4}$ чаша грес от бекон

1 голяма глава лук, нарязана

6 скилидки чесън, наситнени

$\frac{1}{2}$ чаша целина, нарязана

1 всеки дафинов лист

$\frac{1}{4}$ чаша чили на прах

2 супени лъжици смлян кимион

1 консерва домати с люти чушки

Сол на вкус

2 фунта шунка или солено свинско месо

Нарязан кориандър

2 чаши дългозърнест ориз, варен

УПЪТВАНИЯ

Прекъснете боба и измийте. Накиснете 1 малка торбичка пинто боб за една нощ в студена вода и 1 супена лъжица сода за хляб. Изплакнете боба и гответе за 1 час. Сменете водата и добавете отново 1 супена лъжица сода за хляб. Гответе още час-два и за последен път сменете водата, добавете сода бикарбонат и варете до готовност.

Запържете $\frac{1}{4}$ чаша брашно и $\frac{1}{4}$ чаша мазнина бекон в тъмната ружа.

Добавете и разбъркайте следното, докато омекне: 1 голям нарязан лук, 5 или 6 скилидки нарязан чесън, $\frac{1}{2}$ чаша нарязана целина, 1 дафинов лист и кориандър.

Добавете чили на прах, кимион и домати с люти чушки и сол на вкус.

Може да се готви с шунка или солено свинско месо.

Използването на този рукс добавя наистина страхотен вкус към пинто боба.

Сервирайте с дългозърнест ориз.

70. Ориз и боб със сирене

Порции: 5

СЪСТАВКИ

1⅓ чаша вода

1 чаша Настъргани моркови

1 ч.л разтворим пилешки бульон

¼ чаена лъжичка Сол

15 унции Can Pinto боб, отцеден

8 унции Обикновено нискомаслено кисело мляко

½ чаша Настъргано нискомаслено сирене Чедър

⅔ чаша Дългозърнест ориз

½ чаша Нарязан зелен лук

½ чаена лъжичка Смлян кориандър

1 ч.л Сос от люти чушки

1 чаша Нискомаслено извара

1 супена лъжица Нарязан пресен магданоз

УПЪТВАНИЯ

В голяма тенджера смесете вода, ориз, моркови, зелен лук, бульон на гранули, кориандър, сол и бутилиран сос от люти чушки.

Оставете да заври; намалете топлината. Покрийте и оставете да къкри за 15 минути или докато оризът омекне и водата се абсорбира.

Разбъркайте пинто или морски боб, извара, кисело мляко и магданоз.

Изсипете с лъжица в тава за печене 10x6x2".

Печете, покрити, в загрята на 350 градуса F. фурна за 20-25 минути или докато се загреят. Поръсете със сирене чедър. Печете, непокрито, още 3-5 минути или докато сиренето се разтопи.

71. Пинто боб и шафранов ориз

Порции: 4

СЪСТАВКИ

Боб

3 чаши сушени бобчета

1/2 пръчица масло

1/3 чаша свинска мас

1/2 чаша софрито

1 голяма глава лук, нарязана на кубчета

3 литра вода

Ориз

1-1/2 чаши дългозърнест ориз

3 чаши пилешки бульон

1/2 чаена лъжичка шафранови нишки

1-1/2 чаена лъжичка кошер сол

1/2 чаша вода

1 супена лъжица масло

Оцет Сос от люти чушки

УПЪТВАНИЯ

Измийте боба и отстранете всички чужди предмети като камъни и лоши зърна.

Нарежете лука на кубчета.

Добавете лука, боба, софрито, водата и маслото.

Оставете да се загрее за 4 минути и добавете свинската мас.

Покрийте и оставете да ври 15 минути, разбъркайте, покрийте отново и намалете топлината наполовина. Гответе, докато бобът омекне и след това добавете сол.

Разтопете маслото и добавете ориза. Разбъркайте добре и добавете шафрана, бульона и водата.

Сварете ориза, като разбърквате от време на време, след което, когато течността се абсорбира, покрийте и свалете от котлона, без да разбърквате 20 минути.

Сервирайте с боба върху ориза. Добавете оцета и соса от люти чушки.

72. Тако подправка ориз с пинто боб

Порции: 6 порции

СЪСТАВКИ

2 чаши вода

8 унции доматен сос

1 опаковка смес от подправки за тако

1 чаша царевица

½ чаша зелен пипер -- нарязан

½ чаена лъжичка риган

⅛ чаена лъжичка чесън на прах

1 чаша дългозърнест ориз

16 унции боб Pinto, консервиран

УПЪТВАНИЯ

В средна тенджера комбинирайте всички съставки, с изключение на ориз и боб.

Оставете сместа да заври на среден огън. Разбъркайте ориза и боба.

Когато сместа заври отново, разбъркайте, след това намалете топлината до средно ниска, покрийте и оставете да къкри, докато по-голямата част от течността се свари, 45 минути до 1 час.

Свалете от котлона и оставете настрана покрито за 5 минути.

Смесете добре.

73. Индийски тиквен ориз и боб

Порции: 8

СЪСТАВКИ

1 супена лъжица масло от канола

1 среден жълт лук; нарязани

2 скилидки чесън; кайма

2 чаши кубчета тиква

2 супени лъжици къри на прах

$\frac{1}{2}$ чаена лъжичка черен пипер

$\frac{1}{2}$ чаена лъжичка сол

$\frac{1}{4}$ чаена лъжичка смлян карамфил

$1\frac{1}{2}$ чаши дългозърнест бял ориз

1 чаша едро нарязано зеле или спанак

15 унции варени бобчета; отцедени и изплакнати

УПЪТВАНИЯ

В голяма тенджера загрейте олиото на среден огън.

Добавете лука и чесъна и гответе, като разбърквате, за 5 минути, докато лукът стане прозрачен. Разбъркайте тиквата, кърито, черния пипер, солта и карамфила и гответе още 1 минута.

Добавете 3 чаши вода и ориза, покрийте и оставете да къкри. Гответе на средно слаб огън за около 15 минути.

Разбъркайте къдравото зеле и боба и гответе още около 5 минути.

Разбъркайте ориза и изключете котлона. Оставете да престои 10 до 15 минути преди сервиране.

74. Мексикански каубойски боб

Порции: 6

СЪСТАВКИ

$\frac{1}{2}$ фунта Пинто боб, изсушен
1 Глава лук, бял, голям
3 скилидки чесън, счукан
2 стръка кориандър
$\frac{1}{4}$ чаша зеленчуков бульон или вода
6 унции Веганско чоризо
2 Серано чили, смлени
1 домат, голям, нарязан на кубчета

УПЪТВАНИЯ

Накиснете боба във вода за една нощ.
На следващия ден ги прецедете и ги поставете в голяма тенджера. Налейте достатъчно вода в тенджерата, за да запълни $\frac{3}{4}$ от пътя.
Нарежете лука си наполовина. Поставете $\frac{1}{2}$ лука, стръкчета кориандър и 3 скилидки чесън в тенджера с боба. Запазете другата половина лук.
Оставете водата да заври и оставете боба да се вари, докато почти омекне, приблизително 1 $\frac{1}{2}$ часа.
Докато бобът се готви, загрейте голям тиган на средно висока температура. Добавете чоризо и запържете до леко покафеняване около 4 минути. Докато чоризото се готви, нарежете на кубчета другата половина лук.
Извадете чоризото от тигана и го оставете настрана.
Добавете $\frac{1}{4}$ чаша вода, нарязания на кубчета лук и чушките Serrano към тигана за сотиране. Задушете лука и лютите чушки, докато омекнат и станат прозрачни за около 4-5

минути. Добавете домата и оставете да се готви още 7-8 минути или докато доматът се разпадне и пусне целия си сок.

Добавете тази смес и чоризото към тенджерата с боб и оставете да къкри още 20 минути или докато бобът омекне напълно. Подправете на вкус със сол и черен пипер.

Преди да сервирате, отстранете половината глава лук, стръка кориандър и скилидките чесън от боба. Подправете със сол и черен пипер

75. Карибски празник

СЪСТАВКИ

ДЖАКФРУТ ДЪРК

3 кутии млади плодове Джак в саламура, отцедени и нарязани на кубчета
1 супена лъжица кокосово масло
3 глави зелен лук, нарязани на ситно
3 скилидки чесън, смлян
1/2 Scotch Bonnet Chili
Парче джинджифил с размер на палец, смляно
1 жълта чушка, почистена и нарязана на кубчета
1 чаша/200 г консервиран боб Пинто
1 супена лъжица всички подправки
2 супени лъжици смляна канела
3 супени лъжици соев сос
5 супени лъжици доматено пюре
4 супени лъжици кокосова захар
1 чаша/240 мл сок от ананас
Сок от 1 лайм
1 супена лъжица пресни листа от мащерка
2 супени лъжици морска сол
1 чаена лъжичка натрошен черен пипер

ОРИЗ И ГРАХ

1 консерва фасул, запазена течност
1 консерва кокосово мляко
3 супени лъжици прясна мащерка

Щипка морска сол и черен пипер

1 и 1/2 чаши/340 г дългозърнест ориз, изплакнат

Зеленчуков бульон, ако е необходимо.

ПЪРЖЕН ЖИВОВЛЯК

2 живовляка, обелени и нарязани на дискове cm

2 супени лъжици кокосово масло Vita Coca

2 супени лъжици кокосова захар

Щипка сол и черен пипер

САЛАТА ОТ МАНГО

1/2 прясно манго, обелено и нарязано на кубчета

1 чаена лъжичка пресен чили, нарязан на ситно

Шепа пресен кориандър

Сок от половин лайм

Свежа смесена салата

УПЪТВАНИЯ

Първо поставете голям гювеч или тиган на среден огън. Добавете кокосовото масло, последвано от лука, чесъна, джинджифила, чилито и жълтия пипер. Оставете сместа да омекне за 3 минути, преди да добавите подправките и да готвите още 2 минути. Добавете щипка подправка.

Добавете джакфрута в тигана и разбъркайте добре, гответе сместа за 3-4 минути.

След това добавете кокосовата захар и зърната. Продължете да бъркате, след което добавете соевия сос, доматеното пюре и сока от ананас. Намалете котлона и добавете сока от лайм плюс малко нарязани пресни листа от мащерка. Поставете капака и оставете джакфрута да се готви за около 12-15 минути.

За ориза добавете съставките в тенджера и покрийте капака. поставете тигана на слаб огън и оставете ориза да поеме цялата течност, докато стане лек и пухкав. това трябва да отнеме 10-12 минути. ако оризът ви стане твърде сух, преди да е сварен, добавете малко вода или зеленчуков бульон. следващият е живовлякът. предварително загрейте тиган с незалепващо покритие на среден огън и добавете кокосовото масло, когато е горещо, добавете резенчетата живовляк и гответе от двете страни за 3-4 минути, докато се карамелизират и станат златисти. подправете с кокосова захар, сол и черен пипер.

За салатата просто смесете всички съставки в малка купа. сервирайте всичко заедно, насладете се.

76. Ямайски джекфрут и боб с ориз

Време за приготвяне: 10 минути

Време за приготвяне: 25 минути

Порции: 2

СЪСТАВКИ

1 глава лук

2 скилидки чесън

1 чили

2 лозови домата

2 супени лъжици ямайска подправка

400 г консерва боб

400 г консерва джакфрут

200 мл кокосово мляко

150 г бял дългозърнест ориз

50 г бейби листа спанак

Морска сол

Прясно смлян пипер

1 супена лъжица зехтин

300 мл вряща вода

УПЪТВАНИЯ

Обелете и нарежете лука на ситно. Обелете и настържете скилидките чесън. Разполовете чилито, като отделите семената и ципата за по-малко топлина, и нарежете на ситно. Нарежете на едро доматите.

Изсипете 1 супена лъжица олио в голям тиган и загрейте на среден огън. Плъзнете лука и добра щипка сол и черен пипер. Запържват се 4-5 минути, като се разбъркват от време на време, докато омекнат и леко се оцветят. Разбъркайте чесъна, чилито и 2 чаени лъжички ямайска подправка и продължете да пържите още 2 минути

Изсипете нарязаните домати в тигана. Отцедете боба и джакфрута и ги добавете в тигана. Налейте кокосовото мляко. Разбъркайте добре и оставете да заври, след което частично покрийте с капак и оставете да къкри 20 мин. По време на готвенето използвайте от време на време дървена лъжица, за да натрошите малко парченцата джакфрут.

Прехвърлете ориза в сито и го изплакнете добре под студена вода. Изсипете в малък тиган и добавете 300 мл вряща вода и щипка сол. Покрийте капака и оставете да заври, след това намалете надясно и оставете да къкри много внимателно за 8 минути, докато цялата вода се абсорбира. Свалете ориза от котлона и го оставете да се задушава в тигана, покрит, за 10 минути

Разбъркайте спанака в джакфрута и боба, докато омекне. Опитайте соса и добавете още сол, ако е необходимо.

Сложете ориза в две дълбоки купи и напълнете с обилни черпаци къри от джакфрут и сервирайте.

77. Оризов пилаф с боб, плодове и ядки

Време за приготвяне : 10 минути

Време за готвене : 45 минути

СЪСТАВКИ

1 1/2 чаши дългозърнест ориз

1 супена лъжица неутрално растително масло

1 средно голяма глава лук, нарязана на ситно

1 до 2 малки пресни люти чушки, нарязани

2/3 чаша стафиди или сушени боровинки, или комбинация

1/3 чаша сварен боб

1/3 чаша ситно нарязани сушени кайсии

1/4 чаена лъжичка куркума

1/2 чаена лъжичка канела

1/4 чаена лъжичка смляно или прясно индийско орехче

1/2 чаена лъжичка сух босилек

1/4 чаша портокалов сок

2 супени лъжици нектар от агаве

1 до 2 супени лъжици сок от лимон или лайм, на вкус

1/2 чаша препечено кашу

Сол и прясно смлян черен пипер на вкус

УПЪТВАНИЯ

Комбинирайте ориза с 4 чаши вода в тенджера. Оставете да заври леко, след това намалете котлона, покрийте и оставете да къкри леко за 30 минути или докато водата се абсорбира.

След като оризът е готов, загрейте олиото в голям тиган. Добавете лука и лютите чушки и задушете на среден огън до златисто.

Разбъркайте ориза и всички останали съставки с изключение на ядките, солта и черния пипер. гответе на слаб огън, като разбърквате често, за около 8 до 10 минути, оставяйки вкусовете да се смесят.

Разбъркайте ядките, подправете със сол и черен пипер и сервирайте.

78. Купа за ча ча ча с боб и ориз

Порции: 6

СЪСТАВКИ

2 супени лъжици зехтин

2 скилидки чесън, смлени

1 чаша нарязан лук

1 чаша обелена, нарязана целина

1 чаша нарязани моркови

1 чаена лъжичка чили на прах

$\frac{1}{4}$ чаша консервирани зелени люти чушки на кубчета

1 килограм пинто боб

2 чаши сварен черен боб

$\frac{1}{4}$ лук, грубо нарязан

1 мазнина 263 калории

2 чаши нарязани гъби

$\frac{1}{2}$ чаша бульон от боб

2 супени лъжици нарязан кориандър

Сол и черен пипер на вкус

3 чаши варен дългозърнест ориз

1 супена лъжица лимонов сок

2 чаени лъжички сол или на вкус

СЪСТАВКИ

В голяма дълбока тенджера загрейте зехтина и задушете чесъна, лука, целината, морковите и чилито на прах, докато лукът стане прозрачен.

Добавете люти чушки и гъби и запържете още 5 минути.

Разбъркайте боба, бобовия бульон и кориандъра. Подправете на вкус.

Покрийте и оставете да къкри на слаб огън около 10 минути, като разбърквате от време на време.

Сервирайте върху ориз.

79. Рапа Stir Fry с Боб

Време за приготвяне : 10 минути

Време за готвене : 20 минути

Порции: 2 души

СЪСТАВКИ

1 супена лъжица зехтин

2 лилави горни ряпи - изчистени, подрязани и нарязани на кубчета

3 чаши спанак

1 15,5 унции консерва pinto боб - отцедени и изплакнати

1 супена лъжица пресен джинджифил - ситно нарязан

2 скилидки чесън - пресован или смлян

1 супена лъжица мед

1 супена лъжица оризов оцет

2 супени лъжици соев сос с намалено съдържание на натрий

1 чаша дългозърнест ориз - варен, за сервиране

УПЪТВАНИЯ

Ако трябва да приготвите ориз или пълнозърнесто за яденето, започнете това, преди да направите пърженото.

Загрейте зехтина в голям тиган на среден огън. Добавете ряпата и гответе, като разбърквате/обръщате от време на време, за 8-12 минути или докато покафенее и омекне.

Докато ряпата се готви, разбийте джинджифила, чесъна, меда, оризовия оцет и соевия сос в малка купа. Добавете спанака, боба и соса в тигана. Гответе 4-6 минути или докато спанакът повяхне и пърженото се загрее.

Сервирайте топли върху ориза.

80. Ориз с агнешко, копър и боб

Порции: 8 порции

СЪСТАВКИ

2 супени лъжици Масло

1 среден лук; обелени и нарязани на филийки с дебелина 1/4 инча

3 паунда Агнешка плешка без кост, нарязана на кубчета

3 чаши вода

1 супена лъжица сол

2 чаши неварен дългозърнест бял ориз, накиснат и отцеден

4 чаши Копър, пресен; фино нарязани

2 десет унции. Пинто боб

8 супени лъжици масло; разтопен

$\frac{1}{4}$ чаена лъжичка шафранови нишки; стрита на прах и разтворена в 1 с.л. топла вода

УПЪТВАНИЯ

В тежък гювеч от 3 до 4 литра, с плътно затварящ се капак, разтопете 2 супени лъжици масло на умерен огън.

Когато пяната започне да спада, добавете лука и при често разбъркване гответе около 10 минути, или докато филийките се запекат обилно. С решетъчна лъжица ги прехвърлете в чиния.

По половин дузина парчета наведнъж запържете агнешките кубчета в мазнината, останала в гювеча, като ги обръщате с щипка или лъжица и регулирате котлона, така че да се оцветят дълбоко и равномерно, без да загарят. Докато покафенеят, прехвърлете агнешките кубчета в чиния с лука.

Изсипете 3-те чаши вода в гювеча и оставете да заври на силен огън, като междувременно остържете кафявите частици, полепнали по дъното и стените на тигана. Върнете агнешкото и лука в гювеча, посолете и намалете котлона.

Покрийте плътно и оставете да къкри за около 1 час и 15 минути, или докато агнешкото омекне и не покаже никаква съпротива при пробождане с върха на малък остър нож. Прехвърлете агнешкото, лука и цялата течност за готвене в голяма купа и оставете гювеча настрана.

Загрейте фурната на 350 градуса. Оставете 6 чаши вода да заври в тенджера от 5 до 6 литра. Изсипете ориза на бавна тънка струя, за да не спре водата да ври. Разбъркайте веднъж или два пъти, варете бързо 5 минути, след това отстранете съда от котлона, разбъркайте копъра и боба и ги отцедете в ситна цедка.

Изсипете около половината от оризовата смес в гювеча и я навлажнете с чаша течност за готвене на агнешко. След това с шпатула или лъжица разпределете оризовата смес до краищата на тавата.

С решетъчна лъжица върнете агнешкото и лука в гювеча и ги загладете върху ориза.

След това разпределете отгоре останалата оризова смес. Смесете 2 супени лъжици разтопено масло с 6 супени лъжици агнешки бульон и залейте ориза. Оставете гювеча да заври на силен огън.

Покрийте плътно и печете в средата на фурната за 30 до 40 минути или докато бобът омекне и оризът поеме цялата течност в гювеча.

За да сервирате, изсипете около чаша оризовата смес в малка купа, добавете разтворения шафран и разбъркайте, докато оризът стане яркожълт.

Около половината от останалия ориз се разпределя в загрята чиния и върху него се нарежда агнешкото. Покрийте агнешкото с останалата обикновена оризова смес и го гарнирайте с шафрановия ориз. Отгоре се заливат с останалите 6 супени лъжици разтопено масло.

81. Сирене Пинто боб

Време за приготвяне : 10 минути

Време за готвене : 10 минути

Порции: 4

СЪСТАВКИ

2 скилидки чесън

1 халапеньо

1 супена лъжица олио за готвене

2 15 унции кутии боб Пинто

1/4 чаена лъжичка пушен червен пипер

1/4 чаена лъжичка смлян кимион

1/8 чаена лъжичка прясно смлян черен пипер

2 щипки лют сос

1/2 чаша настъргано сирене чедър

2 порции дългозърнест ориз, варен

УПЪТВАНИЯ

Накълцайте чесъна и нарежете халапеньото на ситно.

Добавете чесъна, халапеньо и олио за готвене в тенджера. Запържете чесъна и халапеньо на среден огън за около една минута или само докато чесънът стане много ароматен.

Добавете една кутия пинто боб в блендер, заедно с течността в кутията, и пюрирайте до гладкост.

Добавете пасирания боб и втората консерва боб към тенджерата с чесъна и халапеньо. Разбъркайте, за да се комбинират.

Бобът се овкусява с пушен червен пипер, кимион, черен пипер и лют сос. Разбъркайте, за да се комбинират, след това загрейте на средна степен, като разбърквате от време на време.

Накрая добавете настъргания чедър и разбъркайте, докато се разтопи гладко в зърната. Опитайте боба и коригирайте подправките по ваш вкус. Сервирайте върху ориз или към любимото си ястие.

82. Ориз и боб с песто от босилек

Порции: 4 порции

СЪСТАВКИ

Спрей за готвене на зеленчуци

1 чаша Нарязан лук

1 чаша неварен дългозърнест ориз

Кутия от 13¾ унция пилешки бульон без добавена сол

1 чаша Нарязан небелен домат

¼ чаша Търговски песто сос от босилек

16 унции пинто боб

УПЪТВАНИЯ

Покрийте голям тиган със спрей за готвене и го поставете на средно силен огън, докато се загрее.

Добавете лук; запържете за 2 минути. Добавете ориза и бульона; оставете да заври.

Намалете топлината и оставете да къкри без капак за 15 минути или докато оризът е готов и течността се абсорбира.

Разбъркайте домати, сос песто и боб; гответе 2 минути или докато се загрее напълно.

83. Фланк стек с боб и ориз

Порции: 6 порции

СЪСТАВКИ

$1\frac{1}{2}$ паунда Фланк стек

3 супени лъжици Растително масло

2 дафинови листа

5 чаши Телешки бульон

4 супени лъжици Зехтин

2 лук; нарязани

6 Скилидки чесън; кайма

1 супена лъжица сушен риган

1 супена лъжица Земен кимион

2 домата; семена, нарязани

Сол; да опитам

Прясно смлян черен пипер; да опитам

Пинто боб

Варен дългозърнест бял ориз

2 супени лъжици Растително масло

6 яйца

УПЪТВАНИЯ

Подправете стека със сол и черен пипер. Загрейте растително масло в тежък голям тиган на висока температура. Добавете пържола и гответе, докато покафенее от всички страни. Добавете дафинови листа и бульон.

Намалете топлината и оставете да къкри, докато пържолата омекне, като я обръщате от време на време за около 2 часа.

Свалете от котлона и оставете месото да изстине в бульона. Извадете месото от бульона и го накъсайте. Запазете 1 чаша течност за готвене; запазете останалата течност за готвене за друга употреба. Загрейте зехтина в тежък голям тиган на средно висока температура. Добавете лука и запържете до златисто.

Добавете чесън, риган, кимион и запържете до аромат. Добавете доматите и продължете да готвите, докато по-голямата част от течността се изпари.

Добавете нарязаното месо и 1 чаша от заделената течност за готвене. Подправете на вкус със сол и черен пипер. Подредете говеждото, ориза и боба в правоъгълна чиния на три реда с ориза в центъра.

Загрейте растително масло в тежък голям тиган на среден огън. Разбийте яйцата в тиган. Запържете до омекване. Сервирайте върху боб, месо и ориз.

84. Африкански ориз и боб

Време за приготвяне: 15 минути

Време за приготвяне: 35 минути

Порции : 6

СЪСТАВКИ

½ чаша червено/палмово/или рапично масло

2-3 смлени скилидки чесън

1 среден лук, нарязан на кубчета

1 супена лъжица пушен червен пипер

1 чаена лъжичка сушена мащерка

½ скоч черен пипер или ½ чаена лъжичка лют червен пипер

4 кубчета домата

2 чаши измит дългозърнест ориз

2 чаши сварен боб

4 1/2 - 5 чаши пилешки бульон или вода

1 супена лъжица сол или повече на вкус

1/4 чаша раци

1 чаена чаша пилешки бульон

УПЪТВАНИЯ

Загрейте тенджера с олио. След това добавете лук, чесън, мащерка, пушен червен пипер и люта чушка, задушете за около минута и добавете доматите. Гответе около 5-7 минути.

Разбъркайте ориза в тигана; продължете да разбърквате за около 2 минути.

След това добавете боб, 4 1/2 чаши пилешки бульон/вода, оставете да заври, намалете топлината и оставете да къкри, докато оризът се свари, около 18 минути или повече. Регулирайте за сол и черен пипер. Трябва да разбърквате от време на време, за да предотвратите изгаряния.

Сервирайте топло с пиле, яхния или зеленчуци

85. Салата от тюмбал, боб и ориз

Порции: 6 порции

СЪСТАВКИ

¾ чаша Сушен пинто боб

1½ чаши Зеленчуци от търкалка или къдрава ендивия, или върхове от копър, измити старателно и отцедени

1½ чаши Варен бял дългозърнест ориз

¾ чаша Слънчогледово олио

3 супени лъжици Червен винен оцет с билков вкус

2 супени лъжици нарязан пресен див лук

2 малки Скилидки чесън, обелени

¼ чаена лъжичка Черен пипер

⅛ чаена лъжичка Сол

Цветове див лук за гарнитура

УПЪТВАНИЯ

Накиснете боба за една нощ във вода, за да се покрие. На сутринта отцедете боба, изплакнете го под студена течаща вода и го поставете в тенджера с прясна вода, за да покрие.

Оставете да заври на силен огън, след това намалете котлона и оставете да къкри няколко часа, докато зърната омекнат и ципите започнат да се цепят.

Добавете вода, когато е необходимо, за да предпазите зърната от изсъхване и разбърквайте от време на време, за да предотвратите изгарянето и залепването им. Свалете от котлона, отцедете и оставете да изстине.

В купа смесете зеленчуците, боба и ориза. Покрийте и охладете в хладилник за поне 30 минути.

В блендер смесете олиото, оцета, дивия лук, чесъна, черния пипер и солта. Блендирайте на висока скорост, докато дивият лук и чесънът станат фино пюрирани.

Изсипете дресинга върху салатата, разбъркайте и украсете с цветове див лук.

86. Салата от боб, ориз и зеленчуци

Време за приготвяне : 15 минути

Време за готвене : 15 минути

Обслужва: 4

СЪСТАВКИ

2 чаши вода

1 чаша неварен дългозърнест ориз

15-унция консерва пинто боб, изплакната и отцедена

1 червена чушка

1 жълта чушка

5 глави зелен лук

$\frac{1}{4}$ чаша зехтин

$\frac{1}{4}$ чаша ябълков оцет

1 супена лъжица дижонска горчица

1 чаена лъжичка смлян кимион

1 голяма скилидка чесън

$\frac{3}{4}$ чаена лъжичка кошер сол

$\frac{1}{4}$ чаена лъжичка прясно смлян черен пипер

УПЪТВАНИЯ

Налейте 2 чаши вода в средна тенджера. Оставете да заври, след това добавете суровия ориз, разбъркайте, за да се смеси, и върнете да заври. Покрийте тигана и намалете котлона възможно най-слабо.

Оставете да къкри, без да отваряте капака, 15 минути, докато оризът омекне и поеме водата.

Чушките се нарязват на ситно. Нарежете на ситно зеления лук. Накълцайте чесъна.

В голяма купа за смесване комбинирайте сварения ориз, боба, нарязаните червени и жълти чушки и лука и разбъркайте, за да се комбинират.

В малка купа или мерителна чаша смесете зехтина, ябълковия оцет, горчицата, кимиона, чесъна, солта и черния пипер, разбъркайте добре, за да се смесят, след което изсипете върху оризовата смес.

Разбъркайте внимателно, за да се покрие, след което сервирайте веднага или съхранявайте в хладилник до 3 дни.

87. Салата от едамаме и боб Пинто

Време за приготвяне : 30 минути

Време за готвене : 10 минути

ПОРЦИИ: 6

СЪСТАВКИ

ЗА ДРЕСИНГА

1/2 чаша ябълков оцет

1/4 чаша зехтин

1 1/2 чаена лъжичка кимион

1 чаена лъжичка пресен смлян чесън

Сол и черен пипер на вкус

ЗА САЛАТАТА

3 чаши сварен дългозърнест ориз, охладен

2 чаши боб едамаме

1 унция може pinto боб

3/4 чаша ситно нарязан червен пипер

3/4 чаша пресен кориандър, грубо нарязан

Сол и черен пипер на вкус

УПЪТВАНИЯ

В купа с бъркалка смесете зехтина, оцета, чесъна и кимиона. Разбийте, докато се смесят добре, опитайте и подправете със сол и черен пипер. Заделени.

В отделна голяма купа добавете сварения ориз, едамаме боб, нарязан пипер и пинто боб.

Разбъркайте и подправете със сол и черен пипер. Добавете нарязан кориандър.

Не добавяйте дресинга непосредствено преди сервиране. Първо добавете около половината и опитайте.

Разбъркайте добре и сервирайте в голяма купа, гарнирана с още листа кориандър.

88. ориз & бобена салата с кайма крудите

Порции: 4

СЪСТАВКИ

$1\frac{1}{4}$ чаши Варен дългозърнест ориз

1 чаша Сварени бобчета - изплакнати и отцедени

2 супени лъжици Нарязани пекани - печени

2 супени лъжици смлян червен пипер

2 супени лъжици смлян червен лук

3 супени лъжици смлян пресен кориандър

3 супени лъжици Зелени люти чушки, нарязани на кубчета

⅓ чаша Моркови -- смлени

⅓ чаша Цветчета броколи -- смлени

⅓ чаша Цветчета карфиол, смлени

Сол и черен пипер - прясно смлян

2 чаши Салата айсберг - настъргана

3 супени лъжици Италианска салата без мазнини

УПЪТВАНИЯ

Сгответе пинто боб с гарнитура от стрък целина, парче морков и стрък копър. Изплакнете, отцедете, охладете.

Около два до три часа преди сервиране смесете охладения ориз и боба в голяма купа за смесване. Обелете моркова и го нарежете на 1-инчови парчета.

Нарежете на ситно, заедно с 5 до 6 цветчета броколи и цветчета карфиол, в кухненски робот. Добавете в купата и разбъркайте.

Изпечете парчетата пекан на сух тиган за около 4 минути на среден огън. Свалете от огъня. Оставете да изстине и след това добавете към салатата.

Смелете на ръка лука, червения пипер и пресните листа кориандър. Нарежете лютите чушки от консерва.

Добавете към салатата и разбъркайте добре. Овкусете и подправете със сол и черен пипер. Разбъркайте добре.

Добавете 3 супени лъжици дресинг за салата. Хвърляне. Охладете се. Сервирайте върху канапе от тънко настъргана зелена салата.

89. Гъмбо с боб и ориз

Време за приготвяне 5 минути

Време за готвене 20 минути

Порции: 4

СЪСТАВКИ

2 чаши пиле, сварено и нарязано на кубчета

1 чаша дългозърнест ориз, варен

2 кутии от 15 унции пинто боб, отцедени

4 чаши пилешки бульон

2 супени лъжици смес от подправки за тако

1 чаша доматен сос

Топинги:

Настъргано сирене

Салса

Нарязан кориандър

Нарязан лук

УПЪТВАНИЯ

Поставете всички съставки в средна тенджера. Разбъркайте леко.

Гответе на умерен огън, ври около 20 минути, като разбърквате от време на време.

Сервирайте с топинг.

90. Чили кон карне

СЪСТАВКИ

500 г телешка кайма
1 голяма глава лук нарязана
3 скилидки чесън
2 (по 15 унции всяка) кутия нарязани домати
Изстискване на доматено пюре
1 чаена лъжичка чили на прах
1 чаена лъжичка смлян кимион
щипка сос Уорчестър
Сол и черен пипер
1 нарязан червен пипер
15-унция кутия отцеден боб
Варен дългозърнест ориз, за сервиране

УПЪТВАНИЯ

Запържете лука в сгорещен тиган с олио до почти кафяво, след което добавете наситнения чесън
Добавя се каймата и се бърка до кафяво ; отцедете излишната мазнина, ако желаете
Добавете всички сушени подправки и подправки, след това намалете топлината и добавете нарязаните домати
Разбъркайте добре и добавете доматено пюре и сос Worcestershire, след което оставете да къкри за около час.
Добавете нарязания червен пипер и продължете да къкри 5 минути, след това добавете консервата отцеден боб и гответе още 5 минути.
Сервирайте с дългозърнест ориз.

91. Веган оризово гъмбо

Време за приготвяне : 5 минути

Време за готвене : 25 минути

Порции: 4

СЪСТАВКИ

4 големи стръка целина

3 големи моркова

1 среден лук

1 чаена лъжичка сушена мащерка

1 чаена лъжичка сух магданоз

1 чаена лъжичка чесън на прах

1 чаена лъжичка сол

1/2 чаена лъжичка смлян градински чай

1 супена лъжица кокосови аминокиселини

4 чаши зеленчуков бульон

2 чаши вода

2/3 чаша дългозърнест бял ориз

1 консерва пинто боб

УПЪТВАНИЯ

Нарежете зеленчуците на кубчета или на хапки.

Добавете голяма тенджера към котлона и включете среден огън. Напръскайте дъното на тенджерата с масло от авокадо или спрей със зехтин. Добавете зеленчуци.

Гответе зеленчуците за 3-4 минути.

След 3-4 минути добавете подправките, дафиновия лист и кокосовите аминокиселини. Разбъркайте и гответе още 1-2 минути.

Докато зеленчуците се готвят, изплакнете добре ориза.

Добавете 1/2 чаша зеленчуков бульон и изстържете дъното/страната на тенджерата, като отстраните всякакви кафяви частици от дъното.

Добавете останалата част от бульона, водата и ориза в тенджерата. Разбъркайте и покрийте. Увеличете котлона до висока степен.

След като Gumbo заври, намалете котлона до минимум и гответе 15 минути.

Докато Gumbo се готви, изплакнете и отцедете боба. И ги добавете към Gumbo.

Непосредствено преди сервиране отстранете дафиновите листа. Сервирайте горещ.

92. Бурито с боб и ориз

Порции: 10 порции

СЪСТАВКИ

1 консерва пинто боб

1 чаша дългозърнест ориз; варени

½ чаша лук; замразени, нарязани

½ чаша чушки; замразени, нарязани

½ чаша царевица; замразени

Чили на прах; тире

Маруля, нарязана

1 връзка лук ; нарязани

кимион; тире

Чесън на прах; тире

¾ чаша вода

Салса, без масло, с ниско съдържание на натрий

10 Тортили, пълнозърнести

1 домат; нарязани

УПЪТВАНИЯ

Задушете замразения лук и зелените чушки в няколко супени лъжици вода в тиган.

Отцедете и изплакнете боба и го поставете в тиган и го намачкайте с преса за картофи. Добавете сварения ориз, царевицата, подправките и водата. Загрейте 5 до 10 минути, докато поеме по-голямата част от водата, като разбърквате от време на време.

Загрейте тортилите бързо в предварително загрят тиган, тостер или микровълнова фурна.

Поставете линия от смес от боб в средата на всяка тортила и добавете чаена лъжичка салса и всяка друга гарнитура по желание.

Сгънете нагоре $\frac{1}{2}$ инча от всяка страна, пъхнете горния ръб и навийте на бурито. Сервирайте веднага, гарнирани с допълнителна салса, ако желаете.

93. Ролца с ориз и боб

Обслужва: 6

Време ЗА РЕМОНТ : 20 минути _

Време за приготвяне: 55 минути

СЪСТАВКИ

1 1/2 чаши салса

1 чаша варен дългозърнест ориз

2 средни ромски домата, нарязани

1 малка чушка, нарязана на 1/2-инчови парчета

1 консерва пинто боб, неотцеден

1 консерва царевица на цели зърна, отцедена

6 градински тортили от брашно със зеленчуков вкус

1 чаша смес от настъргани мексикански сирена

УПЪТВАНИЯ

Загрейте фурната до 350°F. Разстелете 1/2 чаша салса в ненамазнена правоъгълна форма за печене, 13x9x2 инча.

Смесете ориз, домати, чушка, боб и царевица. Разстелете около 1 чаша оризова смес върху всяка тортила; Навийте тортилата. Поставете шевовете надолу върху салса в съда за печене. Сложете с лъжица останалата 1 чаша салса върху тортили. Поръсете със сирене.

Покрийте и печете за 30 до 35 минути или докато се загрее и сиренето се разтопи.

За повече подправки използвайте новите тортили с вкус на халапеньо или кориандър, налични в супермаркета.

94. Печени бобови флаута с оризово брашно Тортила

Време за приготвяне : 25 минути

Време за готвене : 15 минути

Порции: 25 флаута

СЪСТАВКИ

1/2 чаша червен лук

1/2 чаша бял лук

2 супени лъжици масло от авокадо

1 голяма чушка, нарязана на кубчета

2 чаши пинто боб

1,5 чаши нахут

1 консерва пинто боб, отцедена и изплакната

1/4-1/2 чаша зелена салса

1 супена лъжица чили на прах

1 супена лъжица чесън на прах

1 супена лъжица кимион

1/8 чаена лъжичка лют червен пипер или червен пипер

1/8 чаена лъжичка риган

сол на вкус

2-3 супени лъжици прясно нарязан кориандър

2-4 чаши от любимите ви мексикански сирена, настъргани

25-30 малки тортили от оризово брашно

УПЪТВАНИЯ

Загрейте фурната си до 385 градуса F.

Запържете лука в малко олио [2 супени лъжици], за да омекне.

След това комбинирайте черен пипер, боб и салса в голяма купа.

Добавете лука към сместа и подправете с чили на прах, чесън на прах, кимион, кориандър, сол, кайен и риган.

След това увийте малка купчина царевични тортили [4-5] във влажна хартиена кърпа и загрейте в микровълновата на висока степен за 30 секунди. Проследете го с допълнителни 30 секунди.

След като се задуши, напръскайте или натрийте едната страна на тортилата с масло и добавете тънък слой зеленчуков пълнеж вертикално по протежение на центъра на противоположната [неомаслена] част на тортилята. Покрийте го със слой сирене [колкото искате или малко!] и внимателно навийте тортилата.

съвет: вашите задушени тортили естествено ще започнат да се навиват една около друга в купчината. Това е пълно предимство, тъй като те естествено искат да се търкалят! Когато разопаковате вашите тортили от хартиената кърпа, намажете с масло страната, обърната нагоре, и след това поставете пълнежа от страната, която се извива навътре. Виола!

Затворете всяка флаута с две клечки за зъби и я поставете върху решетка за печене/охлаждане. Повторете тези стъпки, докато имате стелаж пълен с флейти.

Поставете ги върху решетка върху покрита с фолио тава за печене. Решетката повдига флаутите и им позволява да станат хубави и хрупкави от двете страни.

Поръсете готовия продукт с щипка чесън на прах и лют червен пипер.

Печете на средна решетка, на 385F, за приблизително 15-18 минути. В самия край поставете фурната да се пече на ВИСОКА степен за малко по-малко от минута, за да станат хрупкави тортилите в перфектно златиста, хрупкава черупка.

95. Енчилада от ориз и боб с червен сос

Порции: 12 порции

СЪСТАВКИ

12 9-инчови тортили от брашно; без мазнини

ПЪЛНЕЖ

1 супена лъжица Масло от рапица

2 глави лук; нарязани

6 скилидки чесън; кайма

16 унции от Доматен сос

1 супена лъжица Чили на прах

½ чаена лъжичка Люспи от червен пипер; смачкан

2 чаени лъжички Земен кимион

2 чаени лъжички сол

5 чаши сготвен ориз

3 килограма варен боб

вода; колкото е необходимо

⅔ чаша черни маслини без костилки; нарязани

8 унции Остро сирене чедър; настърган

$\frac{1}{2}$ връзка нарязани листа кориандър

УПЪТВАНИЯ

В голям тиган с незалепващо покритие или тиган за сос загрейте олио. Добавете лука и чесъна и гответе до омекване. Добавете доматен сос, чили на прах, черен пипер на люспи, кимион и сол. Гответе бавно, без капак, за 15 минути, за да се смесят вкусовете.

Добавете половината от доматената смес към сварения боб в купата. Разбъркайте, за да се смеси. Добавете сварения ориз към останалата половина от доматената смес.

Загрейте фурната до 350F.

Намаслете леко голям съд за печене. Поставете тънък слой червен сос на дъното на съда за печене.

Разделяйки пълнежа на 12 начина, поставете подправен боб, подправен ориз, нарязани маслини, сирене и кориандър върху всяка тортила.

Завийте стегнато и поставете, с шевовете надолу, на един слой в тава за печене.

Отгоре намажете с останалия червен сос. Покрийте с пергамент или восъчна хартия и плътно отгоре с фолио. Печете в предварително загрята фурна за 60 минути.

Отстранете фолиото и хартията, поръсете с 2 унции. от заделеното сирене и печете още 15 минути.

Сервирайте с прясна зелена салса.

96. Кесадия с ориз и боб

Общо време: 20 минути

Порции: 4-6

СЪСТАВКИ

1 чаена лъжичка зехтин

1 чаша варен дългозърнест ориз

Консерва от 15 унции пинто боб, отцедена и изплакната

1 чаена лъжичка кимион

1 чаена лъжичка червен пипер

3/4 чаена лъжичка чесън на прах

1/2 чаена лъжичка лук на прах

4-6 тортили

Остър Чедър Настъргано сирене

УПЪТВАНИЯ

Загрейте голям тиган на среден огън и добавете зехтина, ориза, боба и подправките. Гответе, докато се загрее, около 3 минути.

Поставете вашата тортила върху дъска за рязане и поръсете едната половина с малка шепа сирене 1/4 - 1/3 чаша и след това отгоре с равно количество смес от ориз и боб.

Сгънете тортилата и я поставете в леко намазнена тава. Гответе кесадия, докато сиренето се разтопи и всяка страна на тортилата стане златистокафява, като обърнете веднъж.

Оставете кесадилите да се охладят за няколко минути, преди да ги нарежете.

97. Перуанска торта Таку Таку

Общо време: 35 минути

ПОРЦИИ: 2-4 порции

СЪСТАВКИ

ЗА САЛСА КРИОЛА

1/2 малка глава червен лук, нарязан на ситно

2 супени лъжици нарязани пресни листа от кориандър

2 супени лъжици пресен сок от лайм

1/4 чаена лъжичка паста Aji Amarillo

1/4 чаена лъжичка кошер сол

ЗА ТАКУ ТАКУ

3 супени лъжици масло от гроздови семки или шафран

1/2 малка глава червен лук, наситнена

2 скилидки чесън, наситнени

1/2 чаена лъжичка кошер сол, плюс повече на вкус

1 чаена лъжичка паста Aji Amarillo

2 чаши сварен или консервиран боб, отцеден и изплакнат

1 чаша студено сварен дългозърнест бял ориз

1 супена лъжица наситнени листа пресен плосък магданоз

1 супена лъжица нарязан пресен риган

1 лайм, нарязан на резени

УПЪТВАНИЯ

Направете салсата: В средно голяма купа смесете лука с достатъчно студена вода, за да покрие, и оставете да престои поне 10 минути, след което отцедете. Разбъркайте с кориандъра, сока от лайм, аджи амарило и сол

Направете таку таку:

В 10-инчов незалепващ тиган на средно висока температура загрейте 1 супена лъжица олио, докато започне да блести. Разбъркайте лука и чесъна и гответе, като разбърквате, докато покафенеят леко, 5 до 6 минути. Разбъркайте солта и аджи Амарило и изстържете сместа в купата на кухненски робот. Избършете тигана.

Добавете 1 чаша боб в кухненския робот и пасирайте за кратко, докато стане почти гладък, но все още на бучки. Изгребете сместа в голяма купа.

Добавете останалата 1 чаша боб, ориза, магданоза и ригана в купата и разбъркайте, за да се смесят напълно. Опитайте на вкус и добавете още сол, ако е необходимо.

Върнете тигана на среден огън и налейте още 1 супена лъжица олио. Добавете сместа от ориз и боб и използвайте шпатула, за да я разпределите наоколо равномерно и леко я опаковайте.

Гответе до дълбоко покафеняване на дъното, около 7 минути. Свалете от котлона, обърнете чиния върху тигана и внимателно обърнете и двете, за да поставите тортата с боб и ориз с дъното нагоре върху чинията.

Върнете тигана на среден огън, налейте останалата 1 супена лъжица олио и плъзнете сладкиша обратно в тигана.

Гответе още 7 минути или докато покафенее от другата страна, след това обърнете чинията и обърнете тигана отново, за да поставите тортата върху чинията.

Покрийте със салсата и сервирайте горещо с резенчета лайм.

98. Алкален задушен грах с кнедли

Общо време: 40 минути

Порции: 4

СЪСТАВКИ

1 чаша сушен боб, накиснат за една нощ

1 глава лук, голяма

1 морков, голям

3 скилидки чесън

1 стрък лук

1 чаена лъжичка мащерка

½ чаена лъжичка бахар, смлян

1 супена лъжица универсална подправка

сол и черен пипер, на вкус

1 шотландска чушка, цяла

1 чаша кокосово мляко

1 супена лъжица масло

КНЕДЛИ

1½ супени лъжици. бяло оризово брашно

1½ супени лъжици. брашно от елда

1 супена лъжица картофено нишесте

½ супена лъжица брашно от тапиока

1 супена лъжица бадемово брашно

¼ чаена лъжичка сол

2 супени лъжици. вода

УПЪТВАНИЯ

Отцедете накиснатия боб и го поставете в тенджера под налягане. Покрийте с прясна вода, около един инч над зърната. Покрийте и гответе за около 20 до 25 минути.

Междувременно нарежете лука, чесъна, моркова и лука, след което ги поставете в купа.

В друга купа смесете всички сухи съставки, за да направите кнедлите. Постепенно се добавя вода, като се разбърква след всяко изливане, докато започне да се образува твърдо тесто.

Разделете тестото на около 8 до 10 по-малки парчета.

Разточете всяко парче между дланите си във формата на 3-инчови дълги въжета или приблизително с размера на малкия ви пръст. Оставете кнедли настрани в чиния.

След като бобът се свари, оставете тенджерата под налягане да освободи налягането, преди да я отворите. Можете да пуснете саксията под студена чешмяна вода, за да помогнете.

Махнете капака и добавете нарязаните подправки и останалите подправки.

Добавете кокосовото мляко и кнедлите и оставете да къкри на слаб огън за 10 минути.

Добавете кнедлите, след което гответе още 5 минути, докато кнедлите се сварят напълно. Ако яхнията е твърде гъста, добавете още вода, колкото е необходимо.

Свалете от огъня. Сервирайте с ориз и задушени зеленчуци или авокадо.

99. Бамя Къри

СЪСТАВКИ

250г бамя (дамска пръст) - нарязана на парчета по 1 см

2 супени лъжици настърган джинджифил

1 супена лъжица синапено семе

1/2 супена лъжица семена от кимион

2 супени лъжици масло

Сол на вкус

Щипка асафетида

2-3 супени лъжици печен фъстък на прах

Листа от кориандър

УПЪТВАНИЯ

Загрейте олиото и добавете синапеното семе. Когато пукнат, добавете кимион, асафетида и джинджифил. Гответе 30 секунди.

Добавете бамята и солта и бъркайте до готовност. Добавете фъстъците на прах, гответе още 30 секунди.

Сервирайте с листа кориандър.

100. Зеленчуково кокосово къри

СЪСТАВКИ

2 средно големи картофа, нарязани на кубчета

1 1/2 чаша карфиол - нарязан на цветчета

3 домата нарязани на едро

1 супена лъжица масло

1 супена лъжица синапено семе

1 супена лъжица семена от кимион

5-6 листа къри

Щипка куркума - по желание

1 супена лъжица настърган джинджифил

Пресни листа от кориандър

Сол на вкус

Пресен или сушен кокос - настърган

УПЪТВАНИЯ

Загрейте маслото и добавете синапеното семе. Когато пукнат, добавете останалите подправки и гответе за 30 секунди.

Добавете карфиола, домата и картофите плюс малко вода, покрийте и оставете да къкри, като разбърквате от време на време, докато се сварят. Трябва да има останала течност. Ако искате сухо къри, запържете за няколко минути, докато водата се изпари.

Добавете кокоса, солта и листата кориандър.

•

ЗАКЛЮЧЕНИЕ

В ранните дни на Ню Орлиънс гумбо вероятно се е сервирало като първо ястие. Днес, като се има предвид нашият забързан живот, гумбо обикновено се счита за предястие на домашните маси. Ресторантите са по-склонни да следват стила на старата школа с гумбо като предястие.

По време на ерата на търговията с роби бамята е въведена в Ню Орлиънс от африканци, които според повечето експерти по храните са пренесли растението в южните плантации през Карибите. Наричаше се gombo или kingombo на езиците Bantu и беше или варено, пържено, на пара или мариновано и служеше едновременно като сгъстител и вкусна съставка, която се съчетава добре с морски дарове в gumbos.

Днес значението на "гъмбо" надхвърля кулинарията. Повечето смеси могат да се нарекат гумбо - политическо гумбо, порода кучета, модна лудост. Това е популярно име за животни; един по-специално беше Св. Бърнард и талисман на Светиите от Ню Орлиънс в ранните си години.

От всички ястия, сервирани в тенджерата за топене, или гумбо, което е Южна Луизиана, това пикантно ястие в една тенджера се е превърнало в синоним на територията. Кажете „Ню Орлиънс“ и ще си помислим „храна“ или „гъмбо“.

CPSIA information can be obtained
at www.ICGtesting.com
Printed in the USA
LVHW080138210323
742063LV00006B/926